I0449026

MITOLOGIA E SIMBOLO NELLA SAGA DI STAR WARS

Alessandro Tedde

Copyright © 2016 by Alessandro Tedde

All rights reserved. This book or any portion thereof may not be reproduced or used in any manner whatsoever without the express written permission of the publisher except for the use of brief quotations in a book review or scholarly journal.

First Printing: 2016

ISBN 978-1-326-63883-2

ad Alessandra,
a Federico e Priscilla

PREFAZIONE

di Francesco Bianchini

Nell'era della memetica digitale la diffusione, la replicazione e la trasformazione delle idee strutturali della cultura hanno raggiunto un'accelerazione senza precedenti. I tasselli di base del nostro universo concettuale, che sostanziano il panorama teorico-simbolico in cui ha luogo l'azione umana, si propagano alla stessa velocità con cui mutano, cioè altissima. I memi, le unità simboliche fondamentali della nostra cultura, sono in continua evoluzione, instabili, mobili e contagiosissimi, tanto da dare il senso che il sistema di riferimento di codici, valori, principi e conoscenze non possa più raggiungere la saldezza necessaria a produrre una conoscenza solida, non sfuggente e non elusiva. Le tecnologie digitali hanno portato alle estreme conseguenze il continuo cambiamento evolutivo delle idee che innervano la nostra cultura, generando un database sovrainformativo che la rete globale informatica ha reso più simile a un deserto illimitato e perciò stesso costringente, che a una ricca fonte di possibilità esplorative. I punti fermi vacillano. L'evoluzione delle nostre idee non solo è inarrestabile, ma rischia anche di renderne la maggior parte impercepibili. Tutto ciò, per converso, accentua la richiesta di nuovi sistemi di riferimento, non accelerati.

Il cinema è il luogo della moderna simbolizzazione di massa, è il motore delle nuove formazioni simboliche, è un palcoscenico in grado di raggiungere virtualmente tutte le anime in simultanea, con un impatto globale visivamente e sonoramente completo, sempre più perfezionato grazie all'avanzamento delle tecniche di ripresa, trasmissione e riproduzione. Proprio attraverso il cinema nuovi simboli e nuove mitologie sono resi disponibili, per un'immediata, coinvolgente e appassionata fruizione da parte delle innumerevoli persone disposte ad accoglierli. Alessandro Tedde analizza il senso e la funzione dei meccanismi coinvolti nella mitopoiesi cinematografica, illustrando con questo studio sull'esalogia di George Lucas un esempio unico per forme, tratti e modi del suo sviluppo. La saga di *Star Wars* è un'opera ormai emersa dal tempo in cui è sorta, ma di cui resta al contempo avvolta. L'opera intera si compone, finora, di tre episodi standard, realizzati tra il 1985 e il 1983, e tre prequel, girati tra il 1997 e il 2005, e costituisce un esempio di come nuovi simboli abbiano occupato magistralmente lo spazio lasciato vuoto dalla scomparsa dei valori e dei punti di riferimento delle epoche precedenti, fino a debordare dall'esperienza cinematografica per riflettersi in altri aspetti della vita quotidiana (basti pensare a quanto del mondo di *Star Wars* sia passato nella cultura ludica, fumettistica o anche popolare della nostra contemporaneità); ma anche fino a costruire la loro decostruzione con una troppo marcatamente simbolica, e dunque impoverita, serie mitologica di eventi antecedenti descritti nei prequel, come Tedde non manca di far notare.

Nondimeno, una decostruzione può avvenire solo là dove un successo ha creato qualcosa di stabile. L'esigenza di una nuova mitologia contemporanea, interpretata da George Lucas con la sua trilogia iniziale, quella temporalmente successiva all'interno della saga, si situa agli albori dell'ultima rivoluzione nelle telecomunicazioni, ma anche al tramonto dell'epoca delle masse. L'impatto dirompente della saga di *Star Wars*, il suo porsi come nuovo universo simbolico per più di una generazione, deve molto al suo presentarsi come rinnovata mitologia individuale. I molteplici richiami alla mitologia greca, che Alessandro Tedde sottolinea, non sono solo un esercizio di stile, in linea con un'analisi nel solco della storia della filosofia, dell'estetica o delle religioni. L'uomo greco, l'individuo che vive nell'epoca che precede la nascita della razionalità filosofica, necessità di una costellazione di personaggi e concetti mitologici per spiegare le sue

II

pulsioni dell'anima e i moti del suo pensiero. La filosofia occidentale che nasce nell'epoca classica della grecità fa confluire questo bagaglio simbolico in un orizzonte collettivo, orizzonte che, *mutatis mutandis*, comincia a essere il principale assente dalla visione del mondo tipica degli anni Settanta del secolo scorso. Le persone, in quegli anni, riconquistate alla loro individualità, hanno bisogno, nuovamente, di una gamma di miti e simboli, ripresi dall'antichità, dalle saghe nordiche, dal fantasy, dai canovacci delle epopee della frontiera e da ancora altri sistemi concettuali, per far uscire allo scoperto, per comprendere e dominare, *socialmente*, le proprie esistenze. Questo fa George Lucas con la sua trilogia iniziale. Questo dà alla generazione figlia dei baby-boomers con la sua saga, dove la politica è solo lo specchio delle motivazioni individuali, a ogni livello e a prescindere da coinvolgimenti e implicazioni etiche, proprio all'inverso di come fino a pochi anni prima erano vissute la politica, la società, la guerra e il senso dell'appartenenza culturale ed etnica.

La trilogia dei prequel, come Tedde efficacemente sottolinea, rinuncia a parte della sua forza simbolica rispetto alla trilogia iniziale, riflettendo, del periodo successivo, l'accentuarsi dell'individualismo, ma anche la diffusione di tecnologie pervasive e di una socialità trasversale a classi, partiti, luoghi e gruppi. Essa si situa a una distanza più ravvicinata nei confronti della cecità introspettiva dell'individuo del nuovo millennio: meno simboli e più nettamente definiti, per rispecchiare il desiderio di stabilità nel mare del fluttuante scambio sociale e della dilagante e sovrabbondante disponibilità di informazioni, conoscenze e realtà "virtuali". Una ragnatela simbolica che rispecchia anche la fine della contrapposizioni fra bene e male, già anticipata con non poca genialità dalla prima trilogia, perché bene e male sono sempre facce di una stessa medaglia, permeata da un'unica Forza. La Forza, concetto chiave della saga, è il sentimento pervasivo dell'uomo contemporaneo, la sua sfaccettata multiformità, che si rispecchia, nell'era digitale della perdita di fissità dei riferimenti geografico-culturali, in una spiritualità priva del dominio sull'interiorità e trasferitasi nelle molteplici vite e identità simboliche che gli individui sperimentano nei tanti universi della loro esistenza.

1
TANTO TEMPO FA, IN UNA GALASSIA LONTANA LONTANA...

"When I did Star Wars *I consciously set about to recreate myth and the classic mythological motives. And I wanted to use those motives to deal with issues that exist today."*[1]

*

Ascoltando le formule magiche bisbigliate da un esotico stregone o i racconti di sciamani come Igjugarjuk, leggendo gli aforismi della filosofia zen o addentrandosi nella complessa impalcatura del pensiero filosofico europeo, non si fa altro che avvicinarsi, attraverso differenti mezzi, ad un identico racconto, che trasporta la nostra mente nella medesima dimensione: quella del mito. Per la maggior parte delle persone, il mito è qualcosa di irreale, di fantastico, è un insieme di pensieri totalmente irrilevanti per la condizione umana. In realtà i miti sono storie che ci hanno da sempre aiutato a dare senso alle nostre vite e al mondo che ci circonda, contribuendo a trasmettere valori e credenze attraverso le caratteristiche morali e spirituali dei protagonisti. Sono i resti di tutta la nostra civiltà, di tutte le nostre credenze e di tutta la nostra cultura, che rimangono vitali nonostante il passaggio delle generazioni in virtù del loro carattere di modello extratemporale e astorico per tutto ciò che appare inaccessibile al pensiero razionale.

Per poter comprendere il significato del mito, e come esso influisca sul nostro insieme di credenze e valori, occorre innanzitutto partire dal termine stesso dal quale deriva la parola *mito*. *Mythos*

---

[1] George Lucas intervistato da Bill Moyers per *The Mythology of Star Wars*.

(corrispettivo del latino *fabula*) è infatti un termine greco di derivazione etimologica incerta, probabilmente riferibile al verbo *Myo* (essere racchiuso, chiudere in sé). È interessante notare come anticamente il significato attribuito al termine *mythos* fu, per tutto il quinto secolo avanti Cristo, quello di '*discorso, parola*', significato comune quindi al termine che successivamente verrà usato per opporsi a *mythos*, e cioè *lògos*. L'estensione di questo significato a '*consiglio, ammonimento*' porta ad accomunare in senso generale i due termini e a riferirli alla stessa idea di discorso generico.

Solo con il terzo secolo avanti Cristo, con Tucidide e in particolare Platone, si assiste alla differenziazione tra i due vocaboli. Tucidide introdurrà la necessità di dividere la realtà del discorso storico (*lògos*) con quella del racconto orale (*mythos*); un'idea ripresa da Platone che sottolineerà come questi *mythoi* siano discorsi riferibili al "*racconto intorno a dei, esseri divini, eroi e discese nell'aldilà.*"[2], contrapposti all'argomentazione razionale *lògos*. La derivazione filosofica del termine presenta un indizio importante sulla necessità di osservare i miti, intesi come racconti simbolici ed allegorici, in chiave puramente filosofica e non favolistica.

In senso moderno, la parola *mito* ha assunto un campo di applicazione più ampio che comprende diverse accezioni in più che non le semplici affermazioni platoniche. Nel ripensamento del sacro, che già caratterizzava il pensiero di Apollodoro (il quale si concentra su una ricerca in chiave filosofico-teologica della mitologia, e che si troverà poi centrale nel pensiero Ottocentesco e primo Novecentesco, dove si inserisce la speculazione su mitologia e 'tempo sacro' di Eliade), il mito viene assunto come narrazione e struttura religiosa, o come creazione ideale distinta dal pensiero logico o scientifico. Uno studio che si estende quindi dal *Fedro* di Platone fino al *Trattato di Storia delle Religioni*

---

[2] Platone, *Repubblica*

di Eliade ed a *Le Maschere di Dio* di Campbell, nonostante siano per lo più i trattati e le opere di epoca classica ad essere oggetto di interesse per il lettore.

È quindi normale che, parlando di mitologia, il riferimento vada prima di tutto al mito greco, all'*Odissea* e all'*Iliade* di Omero. Ma non sono solo i racconti omerici o le ricerche di Apollodoro a costituire il panorama del mito. Anche culture che consideriamo lontane, quali quella orientale o americana, portano con loro gli stessi elementi mitici e le stesse valenze simboliche che ritroviamo nelle gesta di Ulisse e Achille o nelle maggiori religioni occidentali. I miti sono infatti fioriti in tutte le regioni della terra e in ogni tempo, permettendo all'uomo di evolvere e di comprendere meglio il mondo che lo accoglie.

La ragione per la quale le immagini mitiche sono comuni alle esperienze di popoli diversi e lontani sta nella permanenza del mito, e dei simboli che lo compongono, nella psiche stessa, che conserva in ognuno il potere germinativo del racconto mitologico (i sogni sono le porte che permettono il passaggio dall'esperienza reale a quella mitologica, muovendosi proprio attraverso gli stessi simboli del racconto mitico).[3]

Una comunanza di allegorie che può essere confermata, come suggerisce Campbell, dalla comparazione della Bibbia con alcune delle concezioni mitologiche di popoli lontani da essa nel tempo e nello spazio. Basta riferirsi alla storia della creazione presentata nella *Genesi*, per ritrovare le prime somiglianze: "*In principio Dio creò il cielo e la terra. La terra era informe e deserta e le tenebre ricoprivano l'abisso.*" Ecco che nei racconti degli indiani dell'Arizona si ritrova la stessa immagine "*All'inizio vi era oscurità ovunque. L'oscurità si addensava e si separava...*". Ancora la Bibbia: "*E lo Spirito di Dio aleggiava sulle acque. Dio disse: 'Sia la luce!' E luce fu.*" E il confronto con il testo delle *upanisad*, dell'ottavo

---

[3] Joseph Campbell, *L'Eroe dai Mille Volti*

secolo avanti Cristo, che recita: "*In principio era il solo Atman. Guardandosi intorno non vide nulla se non sé stesso. Disse per prima cosa 'Questo sono io!' e da ciò nacque il vocabolo 'io'.*" Anche nell'analisi di uno dei passi più delicati del mito biblico: la cacciata dal Paradiso Terrestre a causa del Serpente, si trovano numerose somiglianze con culture diverse, in un confronto che sottolinea come non siano solo le strutture narrative, ma anche le immagini utilizzate per esprimere il mito, ad essere comuni. "*Hai forse mangiato il frutto dell'albero da cui ti avevo comandato di non mangiare?' Rispose l'uomo: 'La donna che tu mi hai posto accanto mi ha dato il frutto dell'albero e io ho mangiato.' Il Signore Dio chiese alla donna: 'Che hai fatto?' Rispose la donna: 'Il Serpente mi ha ingannata e io ho mangiato'.*" E così si trova in una leggenda Bassari: "*E il Serpente disse: 'Anche noi dovremmo mangiare di questi frutti. Perché patire la fame?' E Antilope disse 'Ma di questi frutti non sappiamo niente.' Allora l'uomo e sua moglie presero alcuni frutti e li mangiarono.*" E la colpa viene data ancora al Serpente. Ma è fondamentale sottolineare come la figura del Serpente, che ha la medesima funzione nei due miti, sia nel primo profondamente negativa, mentre nel secondo diventi il simbolo della vita che si libera dal passato e continua a vivere una nuova esistenza (il serpente muta la pelle e, in questo modo, presenta la possibilità di mutazione agli uomini)[4]. Così anche la figura femminile diviene scatenante di questa liberazione e rinascita. Non tentatrice o ammaliatrice, bensì figura forte che permette all'uomo di risvegliarsi dal sonno ed osservare il mondo per come realmente è. Questo sottolinea come sia fondamentale considerare le interpretazioni date ai singoli racconti e diventate parte fondamentale di una cultura. Avvicinarsi al mito significa esplorare queste interpretazioni per arrivare alla radice comune dei racconti e al loro significato originario.

---

[4] Ibidem

8

Quali sono quindi le caratteristiche, gli elementi, che strutturano il racconto mitico, e perché tali forme riescono a renderlo base del rito mitologico universale?

Il mito racconta una avventura ai limiti del reale, avvenuta in un tempo passato e in un luogo diverso dalla dimensione comune. Il passato che il mito descrive è quello dell'origine del mondo. È il tempo della cosmogonia, dove la forma del mondo deve essere ancora modellata come è conosciuta dal popolo che fruisce il racconto. È il mondo nella sua forma grezza che, grazie alle gesta eroiche del protagonista del racconto mitologico, si formerà compiutamente e diverrà abitabile dalla comunità per cui l'eroe mitico combatte. Ma al contempo è una realtà altra, distaccata dal mondo reale, una dimensione abitata da altri individui e formata di altri luoghi.

Lo spazio del mito è infatti al limite dell'ignoto, dell'ombra; uno spazio diverso da quello della vita, infinito. Il mondo in cui questi personaggi vivono è completamente diverso da quello attuale: si tratta di una realtà senza regole e senza nulla di stabilito. È da questo mondo che, grazie proprio alle azioni meravigliose e irripetibili dei personaggi mitici, si originano archetipi e simboli che si riflettono sul mondo reale e che diventano rilevanti per la vita di una cultura.

La funzione del mito è quella di attribuire alla realtà un senso, di giustificarla, di darle significato. Il mito garantisce così all'uomo il controllo su ciò che altrimenti apparirebbe incontrollabile e rende accettabile ciò che si deve per forza accettare ma che appare come insensato, come morte e sofferenza, offrendo modelli archetipi che rendono il mito la base culturale di ogni società.

Tra l'uomo di Cro-Magnon, risalente a trentamila anni fa, e l'uomo di oggi, che vive nelle grandi metropoli, non vi è alcuna differenza. La vita umana, dalle caverne alle case con impianti domotici, passa attraverso le stesse tappe che vengono rielaborate nel racconto mitico. Lo stesso corpo e le stesse esperienze corporee portano l'uomo a reagire, in ogni epoca, alle stesse immagini.[5] Così tutti gli uomini sono portati a raccontare le stesse storie. E, dai citati filosofi della Grecia antica agli scrittori dell'Europa contemporanea, il solo intento è quello di cercare armonia tra le loro vite e la realtà del mondo.

1.1
Il Nuovo Mito

Se, in passato, la ricerca della società a ritualizzare gli archetipi mitici era volta a creare una sorta di modello della realtà sacra del tempo primordiale[6], avvicinandoci all'età contemporanea l'importanza spirituale dei riti e dei miti ad essi legati sembra essersi gradualmente affievolita. La nuova società pare non offrire più ai giovani i rituali che li rendono membri della comunità spirituale ed al contempo culturale e sociale (osservando i riti religiosi si può notare come la forzata separazione delle concezioni spirituali di ogni religione influenza in maniera negativa la concezione dell'appartenenza ad un'unica dimensione culturale e sociale – quanto mai evidente nella società odierna). In questa dimensione, gli antichi miti portano in loro messaggi ancora validi, poiché universali, lontani però dal nuovo modo di concepire la vita e le sue tappe.[7] Una considerazione espressa anche da Mircea Eliade in relazione allo studio sul mito e sui significati dei simbolismi arcaici. Secondo lo storico romeno, infatti, il significato soprannaturale del simbolo è trascendente rispetto alla storia, in quanto quest'ultima aggiunge sì nuovi significati al mito, ma non ne distrugge la struttura originaria di simbolo. Questo può portare differenti generazioni a considerare diversi valori di una stessa immagine mitologica analizzata solo nella sua superficialità mentre, in senso più

---

[5] Ibidem
[6] Mircea Eliade, *Trattato di Storia delle Religioni*
[7] Joseph Campbell, *Il Potere del Mito, Intervista di Bill Moyers*

profondo, tutti i significati che essa incorpora si riferiscono in maniera diretta al proprio valore di simbolo oggettivo e assoluto.

L'impronta religiosa che si è individuata nella nuova mitologia contemporanea proviene poi da un legame forte con un mito concepito come rivelazione del sacro (in quanto quest'ultimo viene visto come finestra sulla vera realtà del mondo). Le *ierofanie* (rivelazioni del sacro) di Eliade vogliono quindi essere unione tra la spiritualità della mitologia classica intessuta del profano e la concezione spirituale sacra contemporanea, creando un legame tra le due dimensioni che porta il profano ad essere sacralizzato proprio grazie alla funzione della rivelazione simbolica del mito attraverso lo spirito (il valore del mito è visto infatti dallo storico come creazione autonoma dello spirito).[8] Una dimensione sacra che all'atto pratico non riesce appieno a coinvolgere entrambe le dimensioni, sacra e profana, nella funzione salvifica del simbolo mitologico.

E' vero, come si è già specificato, che i miti offrono dei modelli di vita anche ad un livello immediato, ma questi modelli rappresentativi del mito devono essere appropriati al tempo in cui si vive, che cambia tanto velocemente che ciò in cui ci si riconosceva in passato ormai non è più valido.

Il problema diventa quindi quello di come rappresentare ad un pubblico ormai disincantato il viaggio eroico, l'intervento della donna quale dea redentrice e purificatrice, la figura del mentore, l'importanza del matrimonio sacro e dell'unione tra l'eroe e la dea, l'elemento spirituale immanente della divinità e la fiducia che in essa ripongono tutti i protagonisti del racconto mitologico, la valenza che hanno l'onore e la fierezza di intraprendere un cammino e diventare artefici del proprio destino vincendo il nemico e ottenendo un potere da usare per riportare equilibrio al proprio popolo.

---

[8] Mircea Eliade, *Trattato di Storia delle Religioni*

Questa serie di modelli articolati prende corpo, con il passare delle generazioni, in una base culturale universalmente condivisa che rende il mito facilmente fruibile da ogni società per l'universalità delle strutture fondamentali che soggiacciono al racconto mitologico. Una serie di passaggi necessari per il cammino dell'eroe che, con il rapido cambiamento socio-culturale in atto, hanno perso parte del loro fascino e del loro più intimo significato. Quello che viene mostrato nello schema mitologico di Campbell è presente in Eliade come elenco delle strutture principali che danno vita al mito e che si configurano proprio all'interno di quel 'tempo sacro' che è andato perdendosi nell'età contemporanea, lasciando il posto ad un 'tempo profano' che non concede spazio alla *ierofania*.[9]

Come mostrare quindi questa molteplice valenza con immagini e parole adatte ad una nuova cultura?

1.2
Molteplici Mondi, un Universo...

La necessità di rendere moderna ed attuale la rappresentazione degli archetipi mitologici ha spinto Lucas a riorganizzare tutto il materiale della tradizione, in un momento in cui la gente aveva bisogno di vedere in immagini facilmente identificabili, come quella dello scontro classico tra il Bene e il Male, gli archetipi mitologici classici e di essere riportata all'idealismo di una vicenda imperniata sull'altruismo, *"sulla possibilità di scelta che ci viene offerta, [...] sulla relazione con le macchine che possono essere spaventose o benevole, [...] sulla tematica dell'amicizia e degli obblighi nei confronti di sé stessi, dei propri simili e delle altre persone che ci circondano."*[10]

---

[9] Ibidem
[10] George Lucas intervistato da Bill Moyers per *The Mythology of Star Wars*.

*

"I put the Force into the movie in order to try to awaken a certain kind of spirituality in young people..."[11] L'impatto che la componente spirituale della Saga ha avuto sulle nuove generazioni, spesso insoddisfatte dalla tradizionale concezione metafisica, dimostra come la vecchia immagine dell'ombelico del mondo', del 'potere creatore', potesse essere ripresentato con forza se aggiornato ad una nuova funzione di antagonismo verso il 'potere intenzionale'[12], il potere della macchina (Darth Vader, cedendo al Lato Oscuro, rivela sotto la maschera il volto di un essere che non ha sviluppato la propria umanità). L'interesse nell'unione tra mitologia, teologia e filosofia che si riscontra già in Apollodoro e nel suo trattato *Perì Theôn* risalente al secondo secolo avanti Cristo.

La Forza è un'essenza che appartiene a tutta la galassia, ad ogni forma vivente, un'essenza che *"surrounds us and penetrates us. It binds the galaxy together"*, per usare le parole di Kenobi. Ma è qualcosa di più di una divinità tradizionale. La cultura occidentale è intessuta di una concezione di perfezione legata al divino. Una divinità buona, contrapposta alla malignità del suo doppio, il demonio. La grande presa che la Forza avrà sulle nuove generazioni sarà dovuta proprio al distacco da questa perfezione forzata e dall'immanenza della Forza stessa nell'interno dell'uomo. La Forza che i buoni pregano, cui assicurano il loro cammino (la frase *"May the Force be with you"*, come augurio, è simbolo di questa importanza), è anche la stessa essenza che fornisce ai loro nemici il potere di annientarli. E' una sola entità, immanente, che fonde in sé Bene e Male, completandosi quindi da sola

---

[11] Ibidem.
[12] Joseph Campbell, *Il Potere del Mito, Intervista di Bill Moyers*

13

e offrendo la sola vera possibilità di scelta per il credente: rendersi artefice del proprio destino, scegliere la strada da percorrere e iniziare a compierla, perché tutto ciò che serve per portarla a termine non è esterno ed in perenne lotta, ma interno e unitario. Ognuno ha la forza per riuscire a completarsi, è questo che la religiosità di *Star Wars* vuole indicare, e questo è il mito necessario ad una generazione che senza l'appartenenza ad un gruppo, nell'impersonalità della grande metropoli, si sente perduta. E' qui che si inserisce la seconda importante caratteristica della Forza: non essere separata dall'uomo, superiore, distaccata; ma essere parte dell'uomo stesso, esserne sostegno e spinta, padrona e servitrice allo stesso tempo. Ogni individuo trova dentro di sé, non all'esterno, la possibilità, la scelta, la forza per intraprendere il proprio cammino e per diventare eroe. Non deve pregare, per ingraziarsi la divinità e trarla dalla propria parte, ma deve guardare dentro sé stesso, conoscersi, capire i propri limiti e superarli grazie ai propri poteri e alla propria attitudine.

1.3
Un Universo, Molteplici Mondi...

Non è solo la componente spirituale del mito ad interessare Lucas. Sono innumerevoli le fonti alle quali il regista attinge per creare la Saga, elementi che sono apparentemente inconciliabili e che vanno a confluire invece in un continuum narrativo coerente e compatto che crea la trama dell'intera opera. Dalla mitologia al noir (il gangster Jabba the Hutt e la sua corte di cacciatori di taglie e scagnozzi pronti a muoversi per gli affari del proprio padrone), dal western alla fantascienza degli anni Cinquanta (Flash Gordon), dall'Oriente al Medioevo europeo, tutto concorre a definire l'universo fantastico di Lucas.

La storia, del resto, è tra le più diffuse: una principessa è prigioniera ed un gruppo di cavalieri accorre a salvarla dalla fortezza in cui è tenuta nascosta da un cavaliere nero. I salvatori sfideranno innumerevoli pericoli come draghi sputafuoco (la Death Star che svolge il duplice ruolo di fortezza e drago), maghi malvagi (il cavaliere nero Darth Vader e il suo maestro Darth Sidious), le loro armate disumanizzate (gli Stormtroopers senza identità individuale o i droidi da battaglia dei Prequel).

Come si ritrova in Robin Hood, il piccolo esercito del Bene (piccolo se rapportato all'immensa potenza imperiale) si nasconde nella foresta (Yavin 4) pronto a lottare contro il tiranno usurpatore delle libertà, proteggendo la dea (Leia) grazie all'ultimo baluardo della purezza (i Cavalieri Jedi, simili ai Templari che custodiscono il Santo Graal).

Naturalmente anche in *Star Wars* non si ritrovano tutti gli elementi classici del mito, come spesso non si ritrovano nelle mitologie tradizionali. La rielaborazione dello schema tradizionale è inevitabile, al fine di creare una nuova influenza attiva nella cultura contemporanea. Nella Saga il punto principale non è tanto il viaggio dell'eroe a riportare un potere o un amuleto che sia usato a beneficio del proprio popolo (concezione presente anche nella prima idea di tragedia – e comunque ritrovabile in *Star Wars*: Luke libera la galassia dall'Impero, ridando così la libertà al suo popolo ed ottenendo un potere che può gestire ed usare per mantenere questa libertà), quanto l'amicizia, la devozione, il rispetto, l'onore, elementi presenti in chiunque, e che ognuno può liberare ed esaltare con le proprie azioni. L'uomo comune può quindi diventare un eroe.[13]

---

[13] L'analisi degli elementi legati specificatamente all'aspetto mitologico verrà trattata compiutamente nei capitoli specifici del testo, con particolare rilevanza nella sezione di analisi dei personaggi e della storia. Agli elementi simbolici sono invece dedicati i restanti capitoli. AT

Questa dimensione di speranza e crescita spirituale e mitologica si muove di pari passo con l'interesse ad una rielaborazione del fantasy e del western (con lo spazio come nuova frontiera) che connota l'universo come un grande saloon in cui i personaggi si azzuffano, si rincorrono, danno vita a duelli e sparatorie, sono spacconi e spesso arroganti. I cavalli diventano qui astronavi, che solcano i cieli in esplorazione del nuovo West. I revolver si travestono da pistole laser, pronte ad essere sfoderate per reclamare una taglia o semplicemente per sfida.

Un'influenza molto forte nella vicenda e nell'iconografia dei film si avrà anche dalla tradizione medievale (come si mostrerà più avanti). Certo, molti sono anche in questo caso gli elementi che si distaccano dalla tradizione medievale: i personaggi maschili non devono affrontare prove legate alla sessualità (la presenza femminile non è mai negativa, ma sempre divina e portatrice di redenzione - anche nel caso di Anakin che rifiuta l'aiuto della moglie a sottrarsi alla strada oscura che ha intrapreso), l'amore è sempre puro, e mai messo in discussione (ancora la vicenda di Anakin è emblematica: un amore talmente sicuro da portare Skywalker a perdere sé stesso pur di salvare la moglie e il figlio che porta in grembo – i figli, come si scoprirà nel finale). Ma anche le similitudini non sono poche: un Merlino sui generis (Yoda) che spinge Luke verso la foresta magica alla ricerca di sé stesso e delle proprie ombre, per emergere meno fanciullo e più adulto, disincantato e attento a quelli che sono i pericoli insiti nel suo cammino, per quanto luminoso esso possa essere. O ancora gli Stormtroopers, soldati in armatura bianca (colore classico del Bene) che rappresentano un ordine marziale in netto contrasto con la simbologia del loro abito. E poi il Cavaliere Nero, simbolo rappresentato egregiamente dall'imponente oscura figura di Vader. Nero da capo a piedi, e non solo all'esterno, ma con una luce ancora viva in mezzo a quella Oscurità, che dà motivo di sperare in una redenzione possibile, che permetta la distruzione della fortezza e l'uccisione del vero nemico: Sidious, che come un drago sputafuoco annienta i suoi nemici con fulmini generati dalla Forza.

Per quanto riguarda le icone, l'uso dei costumi rielaborati dalla tradizione medievale, occidentale ed orientale (armature, mantelli, vesti) dipende da una volontà di riunire un universo tanto lontano con una cultura comune che possa visivamente definire, con effetto immediato, i personaggi, rendendo quindi il mito più facile da assimilare e comprendere (a questo concorrono anche gli elementi derivati dal cinema western e fantascientifico, dalle riviste, dalla cultura orientale che si incorporano nei nuovi eroi). Così i Jedi e i Sith vestono abiti ampi simili a tonache monacali, a sottolineare la loro spiritualità. Padmé si vestirà di abiti sontuosi quando svolgerà il ruolo di regina di Naboo, per sottolineare la propria regalità. Han Solo ha il tipico abito del pistolero senza leggi, trasandato e sporco. Tutti accorgimenti estetici che riportano lo spettatore a far leva sulla propria memoria culturale, per riconoscere immediatamente e automaticamente gli archetipi mitologici e simbolici cui vengono ricondotti i personaggi, trovandosi a casa perfino in quella 'galassia lontana lontana'.

2
LA SAGA

Il racconto mitico si caratterizza nel suo svolgimento per un particolare modo di procedere e narrare gli eventi che deve coinvolgere l'ascoltatore e la sua intera conoscenza e cultura in un racconto che gli sia al tempo stesso nuovo e conosciuto. L'avventura mitologica deve quindi ricalcare struttura e caratteri dell'avventura tradizionale per poter calare l'ascoltatore nell'ambiente mitologico presentato. Così il mito è caratterizzato da un eloquio enfatico, spesso da una musica immediatamente riconoscibile, che sa riportare l'ascoltatore ai caratteri a lui noti mentre si parla di essi.

Anche la Saga di *Star Wars* rientra in questa narrazione tipica, con continui riferimenti allo schema che Campbell presenta sull'evoluzione del racconto mitico e sui caratteri che vi trovano posto. Per esigenze cinematografiche le tappe che l'eroe incontra sul suo cammino sono anticipate o posticipate rispetto alla tradizione, ma il risultato è comunque un'opera che proietta lo spettatore in un passato lontano da noi nello spazio e nel tempo ma che appare del tutto familiare, grazie proprio a questo retaggio culturale. E la forza dell'universalità delle tematiche presentate ha permesso a *Star Wars* di essere un vero fenomeno di culto che ha aperto due generazioni al mito e alla potenza del simbolo.

2.1
La Trilogia dei Prequel

I Prequel, realizzati tra il 1997 e il 2005, sono i film che più hanno lasciato scontenti i vecchi fan della Saga. La progressione tecnologica del cinema e l'evoluzione dei bisogni dello spettatore ha portato Lucas a fronteggiare la necessità di creare una trilogia (per completare la precedente) più ricca di effetti speciali, ma più povera del misticismo e della mitologia che permeava la Trilogia Classica. Se essa appare come una rielaborazione del mito in chiave contemporanea, i Prequel sembrano voler dire allo spettatore 'già conosci i personaggi, non ti resta che vedere come sono arrivati dove li hai trovati vent'anni fa'. Questa volontà annulla certo la carica simbolica di personaggi quali Yoda, Obi-Wan Kenobi e Jango Fett (padre di Boba Fett). Un'operazione realizzata forse per rendere i personaggi 'terreni', più vicini allo spettatore, che li aveva visti come esseri superiori, quasi divinità, per i loro poteri e la loro saggezza. Qui vengono invece presentati come esseri fallibili, ciechi di fronte a poteri più grandi di loro, in difficoltà nell'affrontare situazioni troppo ardue. Ma sopra a tutti questi interessi sta in realtà un'unica storia, quella di Anakin Skywalker, che gli spettatori avevano già conosciuto come Darth Vader. E tutta la mitologia nei Prequel risiede proprio in lui. Il personaggio più complesso di tutta la Saga, intessuto di alone mistico e già importante prima della sua nascita, Anakin porta sulle sue spalle la responsabilità del destino della galassia. E la sua luce mette in ombra qualsiasi altra valenza simbolico-mitologica incarnata da personaggi importanti quali Kenobi o Jinn, Yoda o Windu. Unico elemento in grado di tener testa alla centralità di Skywalker è Palpatine, presente fin dalle prime battute come punto focale della vertenza in Senato e quindi nella piena evoluzione di un piano macchinoso che lo porterà a diventare il Maestro di Darth Vader e l'Imperatore della galassia.

Non è mia intenzione immergermi in una critica ai film della Trilogia dei Prequel. Come quasi tutti, penso siano un grande passo indietro rispetto alla Trilogia Originale, ma qui si vuole esaminare la storia e la narrazione da un punto di vista mitologico e simbolico, non cinematografico. Le considerazioni sono quindi da ricondurre esclusivamente alla materia di studio.

2.1.1

Episode I – The Phantom Menace

Turmoil has engulfed the Galactic Republic. The taxation of trade routes to outlying star systems is in dispute.

Hoping to resolve the matter with a blockade of deadly battleships, the greedy Trade Federation has stopped all shipping to the small planet of Naboo.

While the Congress of the Republic endlessly debate this alarming chain of events, the Supreme Chancellor has secretly dispatched two Jedi Knights, the guardians of peace and justice in the galaxy, to settle the conflict....

Così comincia il primo capitolo della Saga familiare di *Star Wars*. Una vertenza burocratica porta due Cavalieri Jedi su Naboo, pianeta vicino all'Orlo Esterno della galassia, per portare una pacifica risoluzione. Ma i piani dei Jedi e le speranze di pace si infrangono con la comparsa di Darth Sidious e del suo apprendista Darth Maul. I Sith, già conosciuti ai fan, fanno qui la prima comparsa dopo millenni di isolamento.

Ma non è certo interesse dell'episodio presentare i Sith (o comunque non solo, visto che già erano conosciuti dai fan e dagli spettatori grazie alle pubblicazioni inerenti al cosiddetto Expanded Universe della Saga) o i Cavalieri Jedi, anch'essi già noti attraverso le figure di Obi-Wan e Yoda, sebbene qui vengano finalmente mostrati nella loro grandezza. Il vero interesse dell'episodio è fare la conoscenza con il protagonista della Saga: Anakin Skywalker.

Con *The Phantom Menace*, che rappresenta un'introduzione – sebbene lenta – alla dimensione fantastica della 'galassia lontana lontana', si introduce il bambino che sarà destinato a cambiare il corso degli eventi. Un ragazzino gentile, dolce, dall'animo semplice, eppure dotato di una sensibilità e acutezza in un certo modo adulta. L'infantilità di Anakin appare subito evidente dal primo scambio di battute che lo vede relazionarsi a Padmé, sua futura sposa, ed aprire a lei i suoi sentimenti in un colpo di fulmine che vede i due personaggi legati immediatamente da un sentimento così forte da poter cambiare il destino della galassia stessa. L'ineluttabilità di questo destino è svelata proprio dal fascino reciproco che i due provano al primo incontro.

La positività incarnata da questo primo Anakin si palesa poi nel corso della tempesta di sabbia e nell'offerta del piccolo schiavo di accogliere i tre sconosciuti nella sua casa per offrire loro un riparo sicuro. Questa azione può ragionevolmente essere vista come una prima accettazione della chiamata incombente dell'eroe. Accanto a questo, la testardaggine di Qui-Gon nel credere il bambino oggetto della profezia Jedi di stabilità nella Forza, porterà il Maestro Jedi a spingere Anakin alla loro compagnia e alle azioni che lo porteranno ad accettare la chiamata mitica verso il suo destino.

La scena successiva introduce poi un altro elemento fondamentale nella storia di Anakin Skywalker: la confessione di Shmi della mancanza di un padre nel concepimento e nell'infanzia di Anakin. Questo elemento, comune a tutte le mitologie religiose, può apparire ridicolo se isolato dal proprio contesto, ma assume una valenza significativa se osservato nell'interezza della Saga. La nascita di Anakin, generato dalla Forza stessa, è il segno della sua importanza, della sua potenza, ma anche della sua fragilità: quella Forza che l'ha creato è sì Chiara, ma porta in sé la duplicità tipica degli scontri epici, quindi quella metà Oscura che sarò destinata presto a prendere il sopravvento. Con l'uscita del terzo capitolo della Saga si aggiunge un altro importante tassello a questa rivelazione: la Forza che ha generato Anakin non ha agito da sola. Forse in parte per risollevare il tono di una trilogia (quella dei Prequel) che stava colando a picco, Lucas introduce qui una spiegazione dovuta di questa genitura. Insinuando poi che il concepimento è in realtà il tassello di un piano assai più vasto di dominio della galassia da parte della vera incarnazione del Male, Darth Sidious, il significato di quella rivelazione acquista senso completo e maggiore assoluta.

La corsa di Pod Racers che vede Skywalker protagonista è utile a mostrare le abilità di pilota del ragazzino, che si vedranno risolutive anche nella battaglia sopra al pianeta Naboo, alla conclusione di questo primo capitolo, ma è anche un nuovo spunto di ricerca medievale oltre che cinematografica. Il riferimento con la corsa delle quadrighe di Ben-Hur ma anche con le giostre medievali, attraverso le quali spesso si sceglieva il cavaliere più forte da mandare in missione. Il punto centrale della vicenda è invece il periodo seguente alla vittoria della Boonta Eve Classic, quando cioè Anakin è messo di fronte al primo dei tanti bivi che lo condurranno a diventare l'icona del Male. Giunge infatti la chiamata da parte di quello che diventerà il suo primo Maestro, verso una vita che il piccolo schiavo ha da sempre sognato e che ora può raggiungere. Il dubbio del bambino è legittimo: seguire il suo sogno e abbandonare la madre, o restare con lei e continuare ad aiutarla? Una domanda che viene però velocemente (forse troppo) risolta dal fanciullo con la partenza, su invito della madre, e la promessa di un ritorno futuro, da Cavaliere Jedi, per liberare gli schiavi di Tatooine. È indubbio che la madre, influenzata dalla conoscenza delle speciali qualità del figlio, sia propensa a farlo partire in virtù della propria speranza in un futuro migliore per il bambino che ha cresciuto. D'altro canto Anakin, non conoscendo ancora il proprio potere, parte mantenendo sua madre nel cuore, restando a lei legato per sempre come il bambino che l'ha vista per l'ultima volta sulla soglia di casa, prima di allontanarsi con il trio che era piombato solo qualche giorno prima nel negozio del rigattiere Tydoriano in cerca di pezzi di ricambio.

Una nota finale è doverosa per la battuta di un raggiante Cos Palpatine, appena eletto Cancelliere in seno al Senato Galattico, che battendo bonariamente sulla spalla di Skywalker, padawan Jedi, pronuncia un augurio-anticipazione: *"And you, young Skywalker, we will watch your career with great interest."* Una strizzata d'occhio ai fan di vecchia data.

Un episodio, quindi, palesemente incentrato non tanto sul ritorno dei Sith o sulla forza dell'Ordine dei Jedi nel periodo di massimo splendore, quanto sulla figura di un bambino ingenuo, cresciuto con la madre alla quale è profondamente legato e che si vede improvvisamente proiettato in una galassia sconfinata e sconosciuta. La fragilità di Anakin è evidenziata anche dall'episodio in cui, sulla nave nubiana, Padmé gli si avvicina per coprirlo con una coperta vedendolo tremare di freddo. Una protezione che la ragazza vuole fornire al bambino inerme, e che più avanti si tramuterà in una protezione che Anakin vorrà offrire a lei senza riuscirci e senza neppure riuscire a garantirle la protezione da sé stesso.

2.1.2
Episode II – Attack of the Clones

> *There is unrest in the Galactic Senate. Several thousand solar systems have declared their intentions to leave the Republic.*

> *The separatist movement, under the leadership of the mysterious Count Dooku, has made it difficult for the limited number of Jedi Knights to maintain peace and order in the Galaxy.*

*Senator Amidala, the former Queen of Naboo, is
returning to the Galactic Senate to vote on the critical issue
of creating an ARMY OF THE REPUBLIC to assist
the overwhelmed Jedi....*

Episode II rappresenta una parentesi di raccordo tra il bambino
innocente e l'eroe caduto. Un ponte non felicissimo dal punto di vista
interiore-spirituale, se non per qualche episodio significativo che
segnerà la svolta del carattere intraprendente e impaziente di Anakin.
Ma, per ammissione dello stesso Lucas, *Attack of the Clones* non
rappresenta esclusivamente la prima avvisaglia di squilibrio in Anakin,
o lo scoppio delle Clone Wars già nominate in *A New Hope*, ma una
storia d'amore, la storia d'amore tra l'eroe e la dea, l'unione mistica che
darà come frutto l'eroe del futuro, che permetterà al padre caduto di
redimere i suoi peccati e rinascere mondato delle sue atroci azioni. La
nascita di questo amore trova come ambiente ideale il *locus amoenus* della
villa di Padmé su Naboo (nella realtà il Lago di Como), dove Anakin e
la sua futura sposa si scambiano il primo bacio che segnerà l'apertura
di una ferita che non si rimarginerà più nella coscienza di entrambi. E
il rifiuto a rinunciare al loro amore porta alla necessità di tenerlo
nascosto agli occhi di chi non lo accetterebbe (l'Ordine dei Jedi non
permette legami amorosi, così come la carriera senatoriale non
dovrebbe essere intralciata da legami così profondi).

Sul fronte della maturazione e degenerazione di Anakin si
hanno qui le prime avvisaglie del suo futuro. In questo senso, la prima
considerazione va indirizzata allo sterminio del villaggio Tusken che
aveva rapito Shmi qualche mese prima. Anakin, guidato dai suoi sogni,
raggiunge la madre in fin di vita (l'ultimo respiro verrà esalato proprio
tra le braccia de figlio – anche questo evento abilmente orchestrato da
Palpatine-Sidious) e si abbandona alla rabbia per la morte di una

24

persona così cara. Sarà il primo importante momento di ira cieca dell'eroe tragico. E come verrà ribadito in seguito, l'avverarsi di questo primo sogno porterà Anakin, nell'episodio successivo, a temere per la vita di Padmé, vista morente ancora in sogno, e vedrà emergere la paura e la volontà di acquisire potere da parte di Skywalker per salvare la persona che ama e alla quale non potrebbe essere così legato – il riferimento è quindi alla *Vida es Sueño*, dramma tragico spagnolo di Calderòn de la Barca.

Il secondo punto di svolta sarà proprio l'amore, maturato nei dieci anni di lontananza, tra Anakin e Padmé, che nel corso di *Attack of the Clones* cresce fino ad essere assoluto e primario mettendo regole e problemi della galassia sullo sfondo di una vita vissuta nella felicità mai avuta da Anakin. In una dimensione in cui l'amore è proibito, i due ragazzi vi si abbandonano incuranti delle conseguenze, che saranno disastrose e distruggeranno ogni legame, compreso l'amore stesso. Un auto-annientamento del sentimento che è proprio della caduta dell'eroe tragico verso gli Inferi, come si vedrà nella trattazione di *Revenge of the Sith*.

Accanto all'amore per Padmé si evidenzia anche un accresciuto affetto nei confronti di Obi-Wan, maestro e amico di Anakin. Un affetto che diverrà anch'esso vittima del cambiamento.

Simbolico è lo sposalizio finale, in cui l'eroe si unisce alla dea, ma anziché tenerla per mano con il braccio reale, accoglie la sposa con la mano robotica, la macchina, a simboleggiare quale sarà il suo destino e quale sarà la strada che i due sposi dovranno affrontare.

2.1.3
Episode III – Revenge of the Sith

War! The Republic is crumbling under attacks by the ruthless Sith Lord, Count Dooku. There are heroes on both sides. Evil is everywhere.

In a stunning move, the fiendish droid leader, General Grievous, has swept into the Republic capital and kidnapped Chancellor Palpatine, leader of the Galactic Senate.

As the Separatist Droid Army attempts to flee the besieged capital with their valuable hostage, two Jedi Knights lead a desperate mission to rescue the captive Chancellor....

Guerra! Mai, in tutta la Saga, si è avuto un inizio così drammatico, così privo di luce e di speranza. E infatti le prime immagini di *Revenge of the Sith* sono appunto per la guerra. La fine delle Clone Wars sancisce la fine della Repubblica, la fine dei Jedi e la fine di Anakin. La ricchezza simbolica dell'episodio dimostra come i precedenti due capitoli fossero quasi una mera introduzione a questa terza dirompente narrazione della caduta degli eroi.

Le battaglie spaziali mostrano ancora una volta l'abilità di Anakin, ma anche il suo comportamento da gradasso che ne sancirà la fine come uomo e la rinascita come macchina. Palpatine qui si palesa già dalle prime battute come il burattinaio della galassia, condotta in guerra per riplasmarla come Impero. Anakin si mostra ben disposto ad assecondare il Cancelliere, che continua a rappresentare per lui la figura paterna che sempre gli è mancata e che Obi-Wan non riesce ad incarnare (anche per la scarsa differenza di età tra i due). La fiducia riposta in Palpatine è evidente quando questi, in catene sulla *Invisibile Hand* invita Anakin ad uccidere Dooku, ormai suo prigioniero e inginocchiato con due lame ai lati del collo (una delle due è proprio la rossa di Dooku, a simboleggiare il dualismo di Skywalker nel reggere i due colori, simboli di Male e Bene, e a compiere l'omicidio con la complicità del suo dualismo). I momenti che segnano il crollo sono molti, in questo capitolo. L'Ordine dei Jedi è sospettoso, vede nel Cancelliere una minaccia. Anakin, uomo fidato di Palpatine, è incaricato di spiare il Cancelliere, trovandosi quindi di fronte al secondo bivio della sua esistenza (dopo quello che lo ha portato ad accettare l'amore per Padmé). Skywalker, che tanto è vicino a Palpatine, sceglie di giocare su due fronti, indeciso su quale sia la cosa giusta da fare. La sua purezza, in fondo, non è ancora intaccata dal Male. L'uccisione del Conte Dooku, accanto all'allegoria delle due spade, blu e rossa, in mano ad Anakin, porta solo una momentanea confusione mentale nell'accettare la vendetta, che Anakin aveva comunque già conosciuto al momento dello sterminio dei Tusken. Skywalker è confuso non tanto dalle sue azioni, quando dal suo rapportarsi alla profezia che lo vuole essere il prescelto che porterà equilibrio nella Forza. E proprio da questa profezia Anakin trarrà le sue insicurezze, le sue paure e il suo bisogno di potere e della figura di guida paterna che ritroverà in Palpatine. Le parole di Anakin sono esplicative della sua condizione quando dice a Padmé *"I'm not the Jedi I shoul be... I want more."*, come se il suo comportamento e il suo potere fossero già decisi, già segnati e necessari e lui non ne fosse all'altezza. Da qui deriva la sua ansia e il suo bisogno di acquisire potere. Una fragilità che verrà sfruttata da Sidious per fare di Anakin il suo nuovo apprendista. Quel 'volere di più' è lo stesso che ritroviamo nei miti del passato e, vicino a noi, nella Bibbia e nel Paradiso Terrestre: l'Albero della Conoscenza, il cui frutto rappresenta la possibilità di ottenere quel più cui si tende, è di fronte a lui e a tutti gli uomini. Perché il progresso e l'evoluzione si hanno proprio grazie al

27

nostro tendere verso qualcosa di non ancora raggiunto, verso le nostre aspirazione, verso quel 'più' che diventa la ragione delle nostre scelte. Nel bene e nel male.

La confessione del suo nuovo ruolo di 'spia' nell'ufficio del Cancelliere è seguito dal tentativo ultimo di Palpatine di distogliere Anakin dal suo nuovo compito ed avvicinarlo al Male promettendogli un nuovo potere, quello di salvare la vita di chi gli è caro, di impedirne la morte. Anakin, ancora una volta guidato dai sogni, rimane affascinato da questa prospettiva. Un bisogno che lo porterà a cambiare il destino della galassia per sempre e che lo rende cieco quando potrebbe benissimo chiedersi come faccia Palpatine ad insinuare pensieri di morte nella sua mente, quasi conoscesse il suo legame con Padmé e i suoi incubi notturni.

Al momento della scoperta dell'identità di Palpatine come Oscuro Signore dei Sith, Anakin si mostra fedele all'Ordine denunciando la scoperta al maestro Windu ma, rimanendo vicino al mentore, ne evita l'esecuzione immediata e mantiene la speranza di poter salvare Padmé. In effetti è proprio il pensiero di questa possibilità a portare Anakin a scegliere per Palpatine-Sidious la via del processo, anziché che quella dell'esecuzione. Questa doppia scelta gli si presenta anche nell'attimo della sua caduta: Windu sta per calare la spada su Sidious, con un colpo fatale, quando Anakin decide di accettare il potere promessogli e quindi la possibilità di salvare la vita di chi gli è caro, completando la sua caduta.

Questo è il momento più alto della parabola eroica di Anakin. La caduta per amore, il proprio crollo per la salvezza della persona amata. È il momento in cui Anakin diventa Darth Vader, ed è il momento in cui comincia il suo declino. Una condizione comune alla tradizione Romantica.

Lo sterminio al tempio Jedi fa parte della brutalità del piano di Sidious. Anakin rompe con il suo passato, in attesa di rompere definitivamente con il suo mentore.

Il teatro dell'evento tragico è Mustafar, pianeta lavico ed inferno faustiano. E proprio Faust si ritrova in Anakin, nel suo incontro con la donna amata e nel suo conseguente annientamento come essere umano. Padmé corre da Anakin, spaventata dalle parole di Obi-Wan circa il suo passaggio al Lato Oscuro della Forza. Anakin cerca di tranquillizzarla. Ora ha nuovi poteri, nulla potrà andare male. Ma Padmé è spaventata, cerca di allontanarsi da lui, mentre questi la tiene bloccata a sé in una stretta soffocante. Cerca di plasmarla come Palpatine ha fatto con lui, facendo leva su un'avidità che però Padmé non conosce.

Obi-Wan, clandestino sulla nave consolare, raggiunge il suo ex-allievo con l'evidente intento di farlo ragionare, di riportarlo sulla giusta via della Luce. Questo non farà che rendere Anakin furioso. Lo scontro fra i due è feroce, e li porta ad una discesa che dalla piattaforma di atterraggio li vedrà combattere in equilibrio su piccole piattaforme che percorrono un fiume di lava. E proprio in un affioramento roccioso viene resa ancora più evidente la spacconeria di Skywalker. Obi-Wan, in salvo sulla roccia solida, intima a Vader di arrendersi. *"It's over, Anakin. I have the high ground."* gli dice, in una delle battute più significative (e didascaliche, è chiaro come il terreno fisico sia anche morale) di questa parte finale. Anakin, spinto da una eccessiva fiducia nei suoi poteri, spicca un salto che gli sarà fatale. Un braccio ed entrambe le gambe gli vengono tranciate di netto dalla lama azzurra di Kenobi. Le fiamme avvolgeranno il corpo di Vader sublimando la sua caduta agli Inferi, nel lento scivolare verso il fiume di lava. Solo l'arrivo provvidenziale del nuovo Imperatore permetterà a Vader di sopravvivere, costretto in un'armatura nera che gli permetterà di vivere grazie ad un respiratore meccanico.

Il colpo di grazia sarà però di Sidious, che farà credere ad Anakin di aver ucciso Padmé (che invece morirà su Polis Massa, dopo aver dato alla luce due gemelli, proprio mentre Vader risorge su Coruscant nella sua nuova armatura). La disperazione di Vader a questa notizia, assieme alla distruzione fisica attuata dal fuoco, sarà un dolore che accompagnerà l'eroe caduto fino al suo riscatto.

2.2
Nota finale sui Prequel

Nella Trilogia dei Prequel troviamo gli elementi del mito già noti grazie ai precedenti film, ma in qualche modo banalizzati da un'involuzione culturale di cui queste tre opere sono uno specchio. Dovendo parlare alle nuove generazioni, cresciute in una cultura, anche cinematografica, appiattita, Lucas (non so quanto consapevolmente) scivola sull'ovvietà e sulla semplificazione, raccontando in modo didascalico quello che il pubblico del mito vuole sentire, impedendogli di ragionarlo e comprenderlo attraverso una propria analisi. Il potere del mito risiede nella necessità, per ognuno, di farlo proprio e ritrovarvi i propri valori, per dargli dignità ed avverare il suo insegnamento. Qui, invece, abbiamo a che fare con una teoria di simboli che si dipana davanti ai nostri occhi in modo troppo evidente, quasi una lezione impartita da un insegnante troppo spaventato dai suoi allievi per osare spingerli oltre a superficie. La parabola di Anakin quindi si trasforma in pallida ombra di quella di Luke, che vedremo molto più ricca e complessa.

2.3
La Trilogia Classica

La Trilogia Classica, realizzata tra il 1975 e il 1983, è sicuramente quella cui più appartiene l'interesse mitologico e simbolico di Lucas. È infatti nella storia di Luke Skywalker che il regista fonde e rielabora le tappe del cammino eroico descritte da Joseph Campbell, creando una nuova allegoria mitologica e spirituale per le nuove generazioni. Osservando il cammino di Luke e la sua evoluzione appare infatti chiaro come il percorso descritto in *The Hero with a Thousand Faces* abbia determinato la creazione dell'universo di *Star Wars* e dei personaggi di Luke Skywalker, Obi-Wan Kenobi, Leia Organa, Han Solo e Darth Vader.

2.3.1
Episode IV – A New Hope

It is a period of civil war. Rebel Spaceships, striking from a hidden base, have won their first victory against the evil Galactic Empire.

During the battle, Rebel spies managed to steal secret plans to the Empire's ultimate weapon, the DEATH STAR, an armored space station with enough power to destroy an entire power.

Pursued by the Empire's sinister agents, Princess Leia races home aboard her starship, custodian of the stolen plans that can save her people and restore freedom to the Galaxy....

Così come accade nei Prequel, anche nel primo episodio della Trilogia Classica (il primo in ordine cronologico, girato nel 1977) comincia nel bel mezzo dell'azione. Unico antefatto è l'innovativa scritta scorrevole verso l'infinito stellato dell'Universo che introduce le parti in campo nella guerra per la galassia.

Appena la macchina da presa si abbassa compare un pianeta giallo, quasi dorato, vero e proprio protagonista degli eventi che daranno vita alle vicende di entrambe le trilogie. Sopra Tatooine si muovono due astronavi, in un inseguimento che vede la massa terrificante dello Star Destroyer classe Imperial governato da Darth Vader rincorrere la piccola nave consolare della Principessa Leia Organa (ancora ai personaggi è sconosciuta la parentela). La prima battuta del film, e della Saga, è affidata al droide dorato C-3PO, attraverso le cui esperienze viene osservato ogni avvenimento che coinvolge la galassia fino alla caduta dell'imperatore.[14]

Non c'è tempo di capire, ma solo di subire l'incedere marziale e risoluto del Signore Oscuro dei Sith, che già facciamo la conoscenza dell'altro protagonista del racconto mitico-fantastico: Luke Skywalker. E quale modo migliore per presentare un ragazzo normale che mostrarlo nella sua normalissima vita. Luke è mostrato, infatti, mentre svolge le sue mansioni alla fattoria degli zii, su Tatooine, contrattando con Owen Lars l'acquisto dei due droidi che già il pubblico ha imparato a conoscere nei minuti che precedono il loro 'atterraggio' sul pianeta. Luke si presenta come un ragazzo cui la vita di campagna va stretta, alla ricerca di emozioni e rischio (le corse col suo T-16 a Beggars Canyon non lo soddisfano abbastanza, tanto da portarlo a volersi iscrivere all'accademia imperiale). La vista di Leia come immagine olografica nella memoria di R2-D2 sancirà il primo incontro tra l'eroe e la dea e, in un certo senso,

---

[14] Come ha riferito lo stesso George Lucas, l'interesse dei Prequel è osservare come muta l'ordine galattico attraverso gli occhi dei Jedi, mentre quello della Trilogia Classica è raccontato invece attraverso gli occhi dei droidi. AT

la prima chiamata per l'eroe a compiere il suo cammino. La fuga di R2 alla ricerca di Obi-Wan Kenobi costringerà Luke ad inseguirlo per recuperarlo. R2 fa quindi la parte dell'animale che spinge l'eroe ad entrare nel Bosco Incantato, contro la sua volontà a rispondere al richiamo del suo destino (quale esordio migliore se non l'aspetto favolistica-medievale della foresta incantata in cui far perdere l'eroe e portarlo alla scoperta del proprio mentore). L'incontro con Kenobi riunirà il vecchio maestro al giovane figlio di Skywalker.

Un antefatto tipico, quindi, del racconto mitologico. Vi sono riconoscibili le tappe consuete dell'esordio dell'eroe sulla scena, del suo cammino reso necessario dal fato (dalla Forza, in questo caso) e dall'ineluttabilità di questo. E con questo incontro un piccolo cerchio si chiude: il passaggio delle armi, successivo a quello dei droidi (C-3PO è stato infatti costruito dal padre di Luke) sancirà il legame profondo fra allievo e mentore e tra padre e figlio. Obi-Wan porgerà infatti a Luke la spada che fu di Anakin e che il vecchio Jedi raccolse subito dopo il duello su Mustafar, mentre ancora il corpo di Skywalker bruciava.

Luke proverà a sottrarsi all'obbligo che la spada stessa rappresenta, accettando sì l'arma, ma cercando di uscire dall'influenza del mentore per tornare sotto quella 'normale' dello zio. Così sarà necessario far scontrare l'eroe con il pericolo, con la gravità degli eventi e con l'importanza del suo compito, risvegliandolo attraverso il dolore, la perdita, per riportarlo sulla strada che necessariamente dovrà intraprendere. La vista dei corpi carbonizzati degli zii permetterà a Luke, in modo brutale ma necessario, di riconsiderare la sua posizione e di accettare finalmente la chiamata. Se non per il proprio eroismo (ancora da scoprire) almeno per la bella principessa osservata poco prima a casa del vecchio eremita. La dea quindi è la vera artefice dell'inizio del cammino eroico, attraverso la sua sola immagine (mostrando così la grande forza persuasiva e morale che Leia incarna nonostante la fragile apparenza – una anticipazione dell'exploit cui si assisterà nel blocco di detenzione al momento della sua liberazione e della fierezza che la stessa mostrerà al cospetto dei più alti gerarchi imperiali).

Nel giro del solo primo tempo eccoci anche a fare la conoscenza del pistolero, pervaso dalle influenze western della Saga, nel saloon-Cantina di Mos Eisley, dove la feccia del pianeta si ritrova a concludere i propri loschi affari. E come nel miglior western che si rispetti, mentre l'eroe ordina da bere il brutto ceffo arriva a disturbare il momento di riposo del buon pistolero. Solo che nella galassia di Lucas non c'è tempo né spazio per i duelli. Il tutto avviene sempre in velocità e a distanza ravvicinata. Spesso nello spazio di una lama di luce che saetta nell'aria e arriva rapida sul bersaglio. Il taglio del braccio, azione ricorrente nella Saga quasi a sancire una fobia dell'autore, dirime in un attimo la questione in un duello atipico ma perfettamente in linea col pensiero nuovo della galassia in continuo ed incessante movimento, in cui ogni azione diventa decisiva e rapida, in cui il tempo per agire è poco e l'azione stessa si fa gravida di significato morale. E mentre ci si sta abituando all'atmosfera western dell'ambiente, ecco il pistolero veloce e spaccone, che diventerà amico fidato dell'eroe: Han Solo. Campbell introduce, nel suo rapporto sul mito, la figura di un personaggio parallelo all'eroe, che gli ruba la scena quasi escludendolo totalmente dall'azione stessa (accade anche nell'*Iliade*, che narra la furia di Achille dopo l'uccisione di Patroclo ma che prima vede le gesta di altri eroi, altri uomini che offuscano il protagonista). Han sarà infatti da subito impegnato in un testa a testa verbale con Luke, nel quale entrambi vogliono mostrare la propria abilità e superiorità. Toccherà a Kenobi insegnare al nuovo allievo la pazienza, permettendo così la prima tregua tra i due (almeno fino all'arrivo di Leia).

Ma come può essere presentato un eroe e subito dopo un personaggio così ambiguo e sfaccettato (l'aiuto di Han sarà dominato totalmente dalla prospettiva di denaro, non certo dalla magnanimità che in principio non sembra nemmeno possedere) da riuscire a far propendere la simpatia del pubblico proprio per quest'ultimo gradasso spaziale? La risposta è semplice quanto lampante: entrambi i personaggi sono posti sullo stesso piano, hanno la stessa importanza perché, nonostante l'eroe del racconto mitologico circoscritto alla Trilogia Classica sia Luke, il vero protagonista della Saga rimane Anakin, nonostante non sia palesemente al centro dell'interesse di questa parte del racconto. Luke ne è il figlio, Kenobi ne era il mentore, così Anakin proietta la sua ombra sulle azioni dei due personaggi in attesa del primo incontro tra il suo passato e il suo futuro. È comunque un Vader diverso da quello conosciuto nel corso della Trilogia dei Prequel. Lì appariva spietato, pronto a rinnegare ogni appiglio al suo passato, recidendolo con la rabbia brutale del combattimento e dello sterminio. Ora il suo dolore ha sviluppato qualcosa di più profondo, più radicato. Il nuovo Vader non pensa più alla vendetta, ma al dominio, al controllo sugli altri e sullo stesso Imperatore, cui continua comunque a manifestare fedeltà (ma su Cloud City non esiterà a ripetere il tentativo di avvicinare a sé il figlio, come aveva fatto in passato con la moglie, sulla strada oscura di dominio di un Impero che ritiene suo). L'irruzione del *Millennium Falcon* nello spazio di Alderaan, però, segna un punto di svolta decisivo per l'Oscuro Signore.

Il duello con il vecchio Kenobi lo mostrerà come essere spietato, assetato di rinnovata vendetta contro colui che ha portato alla morte della sua sposa e del suo corpo. Non esiterà un attimo a menare il fendente mortale contro un Obi-Wan arreso, di fronte al nuovo allievo Luke. Lo sguardo di padre e figlio che si incrocia dopo questa morte segnerà l'inizio, per Vader, di una ricerca incessante di questo ragazzo che sente così vicino (ancora ignora che Luke non è altri che il figlio – che lui credeva morto assieme alla sua sposa). La distruzione della prima Death Star, palesamento dell'abilità di pilota di Luke che fu quella di suo padre, sarà l'evento che porterà Vader a cercare ossessivamente di ritrovare il ragazzo.

Anakin torna quindi a fare i conti con la vendetta, con il desiderio di annientamento della stirpe, quella dei Jedi, che ha distrutto la sua essenza e la sua vita. E fa la conoscenza con una nuova bramosia che non è più di semplice potere o controllo, ma di realizzazione. Ritrovare Luke è per Vader il ritrovare una luce da lui stesso sopita da tempo. E' il ritrovare l'attitudine alla Forza che i grandi maestri dimostravano e che ora il figlio riesce a manifestare. Quale occasione migliore, questa, per compiere il piano di dominio sul maestro Sidious.

La conferma della forza di Luke arriverà alla fine dell'episodio, quando nel canalone della Death Star Luke toglierà di mezzo il supporto computerizzato di puntamento e si affiderà al suo istinto e ai suoi nuovi poteri per porre fine alla minaccia imperiale (almeno temporaneamente). Una mossa percepita limpidamente da Vader, che troverà finalmente familiarità con quel potere e con quel giovane ragazzo, tanto da indurlo a pensare alla possibilità della sopravvivenza della sua progenie (ritroveremo nel successivo episodio Vader a conoscenza della vera identità di Luke, così come lo sarà l'Imperatore, che ne ordinerà la morte).

Deus ex Machina nel momento finale sarà Han Solo che, liberando Luke dal pensiero degli inseguitori, si farà perdonare dagli spettatori la propria avidità, mostrando invece il lato altruistico e decisamente positivo che lo renderà eroe perfetto per il congiungimento con la divinità.

2.3.2
Episode V – The Empire Strikes Back

> *It is a dark time for the Rebellion. Although the*
> *Death Star has been destroyed, Imperial troops has driven*

the Rebel forces from their hidden base and pursued them across the galaxy.

Evading the dreaded Imperial Starfleet, a group of freedom fighters led by Luke Skywalker has established a new secret base on the remote ice world of Hoth.

The evil lord Darth Vader, obsessed with finding young Skywalker, has dispatched thousands of remote probes into the far reaches of space....

Dopo aver conosciuto i personaggi principali: l'eroe, l'aiutante, la principessa, il mentore e il cavaliere nero, è la volta di fare la conoscenza di altre due entità necessarie al cammino eroico, in grado di permettere all'eroe di conoscere i propri poteri in modo compiuto e di porlo dinnanzi al suo destino e alla pericolosità del suo cammino.

L'antefatto su Endor, con la rivincita imperiale, mostra come la compagine ribelle sia disorganizzata, impreparata, ancora troppo inesperta per poter fronteggiare da sola una forza tanto potente quale quella del nuovo governo. Il Bene si mostra incapace di proseguire nei propri successi senza l'aiuto dei poteri dell'eroe, egli stesso incerto sulle sue possibilità. Necessario si mostra quindi l'invito del mentore a raggiungere l'Oracolo, su Dagobah, e completare così l'addestramento che permetterà a Luke di fronteggiare Vader e porre fine al giogo di Palpatine.

Yoda è l'ultimo dei Cavalieri Jedi, il più saggio, l'unico che può portare Luke ad una vera conoscenza del suo potere. Ma non è tanto nell'insegnamento in sé (necessario per l'eroe e scontato per lo spettatore), quanto nella prima vera prova che l'eroe dovrà compiere, che si riversa tutto l'interesse per la sua formazione. L'entrata nella caverna di Dagobah diventa per Luke l'occasione per fronteggiare la paura relativa al nuovo dovere, una paura che prenderà le sembianze proprio del padre e che sotto la maschera celerà invece il volto di Luke stesso. Un altro colpo duro all'eroe, il quale sarà costretto a risvegliarsi dalla sensazione di sicurezza datagli dai nuovi poteri con la comprensione che quegli stessi poteri, affidatigli per compiere il Bene, sono anche la via per generare il Male e trasformare l'eroe nel drago, il cavaliere bianco nel cavaliere nero.

Sarà necessario per Luke guardarsi proprio da sé stesso, dalla sua irruenza e dell'impulso a sfruttare i suoi poteri per salvare a tutti i costi i propri cari (lo stesso errore che compie Anakin scegliendo di perdere sé stesso per non perdere l'adorata sposa). Luke, come suo padre, non terrà conto di questi avvertimenti e si getterà a capofitto a salvare gli amici in pericolo nella città di Lando Calrissian, in mano ora a Darth Vader. Una scelta che lo porterà, inesperto, a dover fronteggiare l'Oscuro Signore in una rabbiosa lotta.

Vader, dal canto suo, è spinto su Cloud City dal proprio mentore, l'Imperatore, che vediamo solo di sfuggita prima della conclusione. Egli è infatti a conoscenza della sopravvivenza del figlio di Skywalker, ed è deciso ad eliminarlo perché percepito come pericoloso per la sopravvivenza di sé stesso e del suo Impero (lo anticiperà lui stesso in *Episode III*, quando valuterà le potenzialità di Anakin). Gli ordini porteranno quindi Vader alla ricerca degli amici di Luke e alla loro tortura, usandoli come esca per spingere il figlio a palesarsi. Anakin, l'uomo delle scelte, dovrà ancora decidere se ubbidire al maestro o riprovare a prendere il potere, questa volta con il figlio accanto.

L'incontro-scontro su Cloud City rappresenta l'apice della sete di potere e di riscatto di Anakin. Con parole calibrate l'Oscuro Signore cercherà di portare il figlio dalla parte del Male, per governare con lui la galassia. La rettitudine di Luke non farà desistere Vader dal suo progetto, rendendolo così pedina del gioco imperiale.

La rivelazione avrà naturalmente un'importante ripercussione sull'animo di entrambi. Luke continuerà a non darsi pace, a richiamare il padre attraverso la Forza, cercando un contatto, una speranza, una luce, rifiutando la verità che l'uomo che gli è sempre mancato sia il responsabile della brutalità dell'Impero e della morte del suo mentore. Dal canto suo Vader ricerca il contatto col figlio non solo per attirarlo verso di lui e creare così una nuova coppia a capo della galassia, ma anche per avvicinarsi alla luce che vede in Luke, guidato da una nuova speranza a tornare quello che era (il modo in cui Vader risponde al richiamo di Luke dopo il loro distacco – quando entrambi sono sulle rispettive navi – non può essere solo frutto della sua speranza nel potere, ma di qualcosa di più che lo porta a spingersi, attraverso il corridoio della possibilità, verso il figlio che ha accettato la verità della loro parentela e che permette ora al solitario Vader di poter tornare a conoscere la felicità e l'amore). Una bontà recondita che Luke non si lascia sfuggire e che per lui diventerà ossessione. Di fronte a padre e figlio si presentano quindi gli stessi temi di ricerca e di ossessione nel raggiungimento del loro obiettivo – due eroi uniti nel loro cammino dalla medesima ricerca, dagli stessi elementi. Ma mentre Anakin si mostrerà debole, eroe tragico, sopraffatto dai sentimenti e dalla propria solitudine e spinto da questi a ricercare poteri che non conosce, Luke dovrà caricarsi di responsabilità che non gli permetteranno di abbandonarsi all'arroganza o l'egocentrismo, ma lo porteranno a soccorrere gli amici in difficoltà con il solo potere appreso in compagnia di Yoda.

Una nota conclusiva sull'episodio sta nella curiosa rivalità che si accende ancora tra Luke e Han a proposito di Leia e l'ancora più curiosa 'vittoria' di Han Solo, il quale strapperà la dea all'eroe ufficiale, facendola sua, gettando per lui le basi del futuro matrimonio mistico. La strada scelta da Luke non gli permette infatti un legame di questo tipo (almeno per ora), concentrando tutti gli sforzi del protagonista nella sua ascesa spirituale.

2.3.3
Episode VI – Return of the Jedi

Luke Skywalker has returned to his home planet of Tatooine in an attempt to rescue his friend Han Solo from the clutches of the vile gangster Jabba the Hutt.

Little does Luke know that the GALACTIC EMPIRE has secretly begun construction on a new armored space station even more powerful than the first dreaded Death Star.

When completed, this ultimate weapon will spell certain doom for the small band of rebels struggling to restore freedom to the galaxy....

Il capitolo finale della Saga (meno denso di riferimenti mitologici dei precedenti, ma non meno forte nella simbologia in quei momenti che rappresentano le vere chiavi di volta delle esistenze degli eroi) presenta momenti illuminanti sul cammino di Luke e sulla sua consapevolezza. Tutti sono cresciuti: Han risorge dall'incubo di grafite in cui era congelato; Leia si mostra seminuda schiava del boss del crimine Jabba the Hutt (un ammiccamento ai gangster movies); Luke è serio e composto nel suo abito nero (riflesso del proprio labile equilibrio spirituale), pronto ad usare i suoi poteri per il Bene, ma sempre consapevole della pericolosità del Lato Oscuro (come monito ha una mano bionica ricoperta da un guanto nero – come quella del padre). Un Luke la cui crescita è sancita dalla nuova lightsaber, costruita da lui stesso, che definisce la sua completa formazione (finalmente la spada è riforgiata e l'eroe vi ha inserito il proprio potere, non più quello del padre, ma anche le proprie paure e la propria inesperienza). Ancora insieme, il gruppo riesce ad uscire dal pericolo mortale della condanna a morte emanata dall'Hutt ed eseguita nel Mare delle Dune di Tatooine (ancora una volta il pianeta da cui tutto parte e a cui tutto torna). Il successivo ritorno su Dagobah lascia tutto lo spazio per la morte dell'Oracolo-Yoda e per la nuova finale rivelazione: Leia è la gemella di Luke. Ora la crescita di Luke può dirsi completa. Sulle sue spalle, infatti, non sta solo la responsabilità verso il sacrificio del suo mentore e verso la galassia, ma anche verso la sua famiglia. Sarà proprio questa maturità a portarlo volontariamente al cospetto dell'Imperatore stesso, che fu capace di sconfiggere Yoda vent'anni prima, per cercare di redimere il padre e riportare l'equilibrio nella Forza.

Messi di fronte ad un duello mortale orchestrato dall'Imperatore (abile manipolatore, che vede in Luke il suo nuovo possibile aiutante), padre e figlio combattono uno scontro psicologico, più che fisico, dove Luke cerca di convincere il padre a mostrare il buono che ancora è in lui e Vader cerca invece di far infuriare il figlio. Luke, al culmine della rabbia, colpisce furiosamente il padre fino a tagliargli la mano destra. Questo segna l'inizio dell'affrancamento di Vader dal suo essere automa ma anche la riflessione di Luke sulla possibilità di diventare malvagio a sua volta proseguendo la via dell'ira e della brutalità. Di fronte alla possibilità di uccidere il padre Luke guarda la sua mano bionica, coperta da un guanto nero come quella di Vader, e comprende. Per non cedere alle lusinghe di un Imperatore compiaciuto, Luke getta la spada, rifiutando la facile via dell'Oscurità. Palpatine non perde tempo e decide di uccidere il ragazzo. Vader, alzatosi, si trova quindi di fronte all'ultimo bivio, quello che aveva imboccato scegliendo la strada sbagliata vent'anni prima. La decisione è difficile: salvare il figlio o dimostrare lealtà al suo maestro. Con uno sforzo immane di volontà, messa da parte la cupidigia e la spacconeria, Vader sceglie il figlio e scaglia il maestro nello sfogo del reattore principale della nuova stazione da battaglia. La sofferenza personale che aveva portato Anakin a diventare Darth Vader ora viene rivissuta attraverso il figlio che, soggetto innescante la redenzione, porterà Vader a ritornare umano, a ritornare Anakin. Sostenuto dal figlio, che egli vorrà osservare con i suoi veri occhi, Vader cala la maschera e ci mostra un volto di nuovo umano, dallo sguardo finalmente gentile (della sua straziante sofferenza rimane solo una grande cicatrice, a ricordo di ciò che può causare l'errore di rinnegare sé stessi e il proprio passato e di cercare di cambiare il futuro). Le sue ultime parole saranno non a caso un ringraziamento al figlio, che gli ha permesso di tornare quello che era mettendo fine all'Oscurità e riportando equilibrio nella Forza. La profezia che aveva segnato la vita di Anakin e ne aveva indirettamente causato la caduta viene ora portata a compimento, permettendo la salvezza dell'eroe tragico.

Il corpo di Anakin-Vader verrà bruciato da Luke su una pira funebre, come si faceva con i grandi eroi, mentre il suo spirito si ricongiunge a quello di Yoda ed Obi-Wan, sorridenti, in un abbraccio che torna a renderli fratelli e fa di Luke il Signore dei Due Mondi.

2.4
Uno Sguardo a Posteriori alla Conclusione di *Revenge of the Sith*

Potendo, dopo vent'anni dall'uscita *di Return of the Jedi*, assistere al declino di Anakin Skywalker conoscendo già la fine della storia e la sua redenzione, *Episode III* (e in particolar modo tutta la seconda parte) si mostra foriero di grande interesse per il fan e il semplice appassionato, grazie ai riferimenti continui al futuro e l'emozione nel vedere finalmente lo scontro solo accennato in *A New Hope* tra l'allievo e il suo Maestro. Così, mentre John Williams riprende i temi celebri della Saga quali la *Imperial March* e il *Force Theme*, chiudendo un cerchio, Lucas ci mostra tutto quello che vent'anni prima si poteva solo immaginare.

Il momento della nascita dell'Impero viene accolto con trepidazione, mentre Palpatine pronuncia il lungo discorso – inframmezzato dalla battaglia su Mustafar – fino ad arrivare alle parole che daranno vita alla dittatura, levando le braccia alla volta del Senato a creare un cerchio simbolico, un abbraccio alla galassia che diventerà una stretta soffocante.

Ancora prima: l'inizio delle purghe dei Jedi, in cui Palpatine rivela finalmente i suoi piani ordinando ai cloni di sterminare i cavalieri al fronte, spiegando così la mancanza dell'antico ordine nella Trilogia Classica.

Ecco poi lo scontro tra Vader e Kenobi, un'esaltazione della potenza fisica e spirituale, dell'eleganza e della brutalità, prima di vedere Vader saltare verso l'ex-maestro e perdere tutta la sua umanità mentre scivola lentamente verso il fuoco lasciando lo spettatore di fronte al destino compiuto, all'annullamento dell'uomo e alla nascita della macchina.

Gli ultimi minuti sono ancora una volta una strizzata d'occhio ai fan. La nascita dei gemelli, Padmé che li battezza con i nomi ormai celebri di Luke e Leia e l'occhiata che Leia neonata dà alla madre, in un incrocio di sguardi che poi la principessa ricorderà su Endor. Mentre vediamo la morte del padre e il suo rinascere automa tra le sofferenze dell'operazione. E mentre la maschera cala sul suo volto scorgiamo per un attimo i sensori della vista accendersi e mostrare un mondo arancione digitalizzato. Capiamo ora le ultime parole di Anakin a Luke e la ragione di quell'insistenza, di quel condannarsi a morte certa pur di guardare il figlio senza maschera, per poterlo vedere come è realmente, con occhi umani. Poi sul volto di Anakin cala il casco, distruggendo tutto ciò che ha di umano. Le giunture si fondono e l'aria viene espulsa. Un secondo di silenzio, abbastanza per far calare un silenzio rituale anche fra gli spettatori in sala. Quel secondo sembra eterno, consumato nell'attesa del suono ormai celebre del leitmotiv che accompagna incessantemente Vader. Il primo singolo respiro, e il cerchio finalmente si chiude.

L'emozione data dagli ultimi venti minuti di *Revenge of the Sith* può essere compresa solamente guardando i film secondo la loro data di uscita originale, per riuscire a collegare i riferimenti, i simboli e la mitologia che fa di Anakin, proprio al suo primo respiro, il protagonista e l'eroe tragico dell'intera esalogia. Un'emozione legata alla chiusura di un ciclo, ad una fine dove tutto è cominciato, ad un senso di completezza quando, nel 1977, tutto aveva avuto inizio nel mezzo della storia. Questo mentre Yoda atterra su Dagobah, sede del suo esilio, e Obi-Wan consegna Luke ai coniugi Lars, suoi zii, ed essi guardano il tramonto dei soli gemelli di Tatooine accompagnare le tenebre sulla galassia, mentre Kenobi rimane alle loro spalle osservandoli e sapendo in cuor suo che c'è, nella galassia, una nuova speranza.

3
I PERSONAGGI

L'universo di *Star Wars* è popolato da un'infinità i creature e personaggi, ognuno col proprio ruolo all'interno della galassia, che contribuiscono a rendere vero l'universo presentato da Lucas in soli sei film. Molti di questi personaggi sono conosciuti dai fan attraverso quello che viene definito l'*Expanded Universe* della Saga: l'insieme di libri, fumetti, racconti, che fanno da corollario ai film. Ma i principali personaggi presenti sulle pellicole giocano un ruolo importante non solo per la storia e per la diffusione al vasto pubblico, ma anche perché sono portatori di valori universali e condivisi alle radici del mito. La forte componente mitologica presente in questi personaggi colpisce lo spettatore che se ne trova subito attratto, e rende profondi e complessi i protagonisti di questa grande epopea.

Nel presente capitolo essi vengono presentati divisi in due gruppi: i personaggi principali, cioè quelli maggiormente connotati di carica simbolica e mitologica; e i personaggi secondari, importanti anch'essi ma in senso più generale o meno incisivo nell'ottica mitologico-simbolica della Saga.

3.1
I Personaggi Principali

3.1.1
Anakin Skywalker (Darth Vader)[15]

In accordo con il pensiero di Lucas, agli occhi dello spettatore Anakin riveste certamente la figura del protagonista dell'intera Saga di *Star Wars*. Personaggio centrale nei momenti chiave della storia della galassia, Anakin è circondato da un alone mitico ed eroico che, fin dall'infanzia e dal primo incontro con il suo Maestro, lo rende incarnazione della duplicità tipica dell'eroe mitologico: il rimanere ancorato alla sua consuetudine, e quindi alla vita della sua infanzia, proiettandosi al contempo verso un futuro che appare già scritto e che egli, condizionato da quell'attribuzione di 'ragazzo della profezia' che insistentemente gli è affibbiata fin dall'inizio, non imparerà mai a dominare se non in punto di morte.

La figura di Anakin è molto particolare, in seno alle considerazioni campbelliane del cammino dell'eroe, perché in effetti astrae da quello che è il cammino specifico di ogni eroe mitologico. Quasi forzato alla partenza, non manifesta mai un desiderio evidente di rifiuto del compito, spingendosi forse con troppa celerità verso il nuovo corso, con una fretta che non gli permetterà mai di recidere completamente il suo legame con il passato che, sgretolandosi, darà inizio alla sua inevitabile caduta. In Anakin si ritrovano, in maniera

---

[15] Nel caso di Anakin e Luke Skywalker l'esame dei personaggi segue necessariamente lo schema redatto da Joseph Campbell (amico e mentore di George Lucas, nonché uno dei più importanti studiosi di mitologia comparata e religioni del Novecento) sul cammino dell'eroe e sulla sua evoluzione. Tutto questo per definire al meglio la complessità di entrambi i personaggi e la loro funzione all'interno del grande mito rappresentato dalla Saga. Così tutti i riferimenti alla tragedia classica e alla simbologia vengono presentati all'interno delle varie tappe del cammino eroico. AT

evidente, quelle tappe del viaggio eroico più appartenenti alla figura del figlio Luke (costruito appositamente secondo i canoni eroici, come si vedrà in seguito).

Le tappe fondamentali del cammino di Anakin vanno comunque elencate, perché ricostruiscono quell'evoluzione che fu di Luke vent'anni prima (e nella storia lo sarà vent'anni dopo) in chiave però di caduta anziché di illuminazione. Una perfetta descrizione dell'eroe tragico costretto dal suo destino e dalle sue azioni a cadere per la ricerca del potere e ad abbandonare ciò che non vorrebbe perdere. La specificità del personaggio viene introdotta già dalla notizia del concepimento virginale di Anakin da parte di Shmi, che lo rende più vicino ad un messia che non ad un eroe tradizionale.

La Partenza: La partenza di Anakin ha luogo in *Episode I* quando, ancora bambino, Skywalker abbandona la madre e segue i Cavalieri Jedi verso il suo destino. La natura particolare dell'eroe si percepisce già da questo primo evento: Anakin ha sempre sognato di andare via da Tatooine, senza però mai considerare l'abbandono dalla madre. La partenza gli lascia un enorme vuoto, colmato dal ricordo e dalla paura della perdita di tutto ciò che gli è caro. Paura che continuerà ad accompagnarlo e diverrà la principale causa del suo declino.

L'Appello e il Rifiuto dell'Appello: In Anakin fatto singolare che dimostra la sua particolarità è la mancanza di un vero rifiuto all'appello. L'indecisione del bambino alla prospettiva di seguire il suo grande sogno dipende solo dal forte legame che egli ha con la madre (unico famigliare del piccolo schiavo).

L'Aiuto Soprannaturale: Come sarà per Luke, anche Anakin riceve un aiuto dalla Forza: quello che gli permette di sopravvivere alla guerra su Naboo e alla battaglia aerea che lo vede coinvolto, per giungere quindi a diventare a tutti gli effetti un padawan.

Il Varco della Prima Soglia: Anche qui la soglia si configura del tutto particolare per un eroe così complesso come Anakin. È infatti rappresentata dalla morte di Qui-Gon, l'uomo che crede il bambino il Prescelto della Profezia. Con questa morte Anakin si trova improvvisamente senza 'padre' e verrà preso, disarmato e spaventato, sotto la tutela di Obi-Wan Kenobi, iniziando così il suo cammino nella Forza e la sua discesa verso l'Oscurità.

L'incontro con la Dea: Momento cruciale nell'esistenza di Anakin, l'incontro con Padmé segnerà tutta la sua formazione come uomo e come Cavaliere Jedi. Sarà amore a prima vista, e sarà fedeltà eterna, anche contro le norme del Codice che non permettono rapporti amorosi. La notizia poi della gravidanza della moglie (Padmé, appunto) lo porterà da un lato a toccare la felicità, dall'altro a sprofondare nell'abisso. Una duplice valenza della Dea, quindi, che porta con sé la luce ma è anche causa involontaria della caduta. Evidente l'accostamento con Edipo, il quale conoscendo il suo destino lo vuole modificare con azioni che in realtà (e a sua insaputa) lo attuano. Così, dopo l'unione mistica, Anakin sogna la morte della sposa e cerca di evolvere i suoi poteri abbracciando il Lato Oscuro per evitare una morte che giungerà proprio a causa di questa scelta. Anche l'elemento del sogno ci avvicina alla tragedia (in particolare a *La Vida es Sueño* di Calderòn de la Barca) poiché anche qui la paura data dal sogno deriva dall'avverarsi di un sogno precedente, che mostra ad Anakin la sofferenza e la morte della madre. Da segnalare la diversa funzione che assume il *Talismano Magico* nell'incontro tra l'eroe e la dea. Non è più il mentore a donare il talismano all'eroe, ma l'eroe stesso a darlo alla dea di cui è innamorato. L'amuleto che Anakin scolpisce in un pezzo di avorio viene infatti donato dal bambino a Padmé, come augurio di buon auspicio e di riunione, al termine della difficile situazione in cui gli eroi si trovano ad agire. Con questo dono il piccolo Anakin spera che la ragazza si ricordi sempre di lui.

Apoteosi: l'identità eroe-dio in Anakin è presente già dalla notizia del suo particolare concepimento. La mancanza di un padre rende

Anakin già una divinità. La sua capacità (indotta, scopriremo poi, da Darth Sidious) di prevedere il futuro (prima la morte della madre, poi quella di Padmé) non fa che accelerare il suo processo di divinizzazione ai nostri occhi, accompagnato da un potere sempre crescente che lo distacca totalmente dalla sfera dell'umano. Ma è un'apoteosi (particolare perché fissata solo nella mente del protagonista) quella che vede Anakin minacciare Obi-Wan sul fiume di lava e sopravvalutare i propri poteri, assurgendo ad essere divino che può scavalcare il maestro.

Rifiuto a Tornare: Il rifiuto a tornare ha una durata eccezionalmente lunga, per Anakin. Dopo il passaggio al Lato Oscuro della Forza, il suo rifiuto perdura per tutto il corso del dominio dell'Impero. Dapprima viene palesato ad Obi-Wan, che lo invita alla ragione, poi al figlio, lasciando inascoltati (almeno in apparenza) gli inviti di Luke a riscoprire la bontà ancora insita nel suo cuore.

La discesa agli Inferi, infatti, annienta l'umanità di Anakin, il quale si rifiuta di tornare al mondo vivente. Un evento sottolineato dal campo di battaglia che vedrà il definitivo annullamento dell'umanità di Skywalker: il pianeta lavico Mustafar. Un allontanamento dal mondo reale che però non è destinato ad essere perenne. La prigionia di Anakin negli Inferi, nel Lato Oscuro, avrà termine quando il figlio Luke scenderà nell'Oscurità per trarlo in salvo.

Il Varco della Soglia del Ritorno: la soglia del ritorno è per Anakin il varco della soglia ultima dell'esistenza: la morte. Solo con la sua morte, infatti, Darth Vader potrà di nuovo essere Anakin Skywalker, tornando ad unirsi ai vecchi amici, alla vita Jedi e lasciando il tormento della vita terrena.

Libero di Vivere: La libertà di Anakin è data alla sua unione con la Forza. Una libertà di restare con i suoi vecchi compagni e di osservare i figli con occhi finalmente non velati dall'odio e dalla disperazione.

Vi sono poi i caratteri tradizionali del mito che, nell'analisi della figura di Anakin, assumono un significato tutto nuovo e molto interessante.

I Due Mondi: non sono più solo il mondo materiale (Padmé e la madre) e quello spirituale (la Forza e l'impossibilità di ogni legame), ma anche la duplicità del mondo spirituale stesso, che investe l'esistenza di Anakin in tutta la sua parabola (la lotta eterna tra Lato Chiaro e Lato Oscuro della Forza che ha teatro nell'intimo dell'eroe).

Il Mentore: Qui-Gon è il primo mentore di Anakin e la sua morte (inevitabile per dare coscienza all'eroe del proprio potere) diventa fonte di perdizione per il bambino. Obi-Wan si troverà così a fare da degno sostituto al suo maestro anche se il suo ruolo di guida non gli permetterà di evitare la caduta del discepolo. Da notare come Anakin sia anche la causa della morte di Obi-Wan, innescando il cammino del figlio verso la sua stessa salvezza.

L'Oracolo: Palpatine svolge il ruolo di Oracolo per Anakin. Un uomo che diventa per lui sempre più un padre, sempre pronto a fornire le risposte ai suoi dubbi e il suo appoggio in caso di bisogno. Un rifugio per l'eroe, che si rivelerà la sua trappola. Un Oracolo negativo, quindi per un personaggio destinato dalle sue azioni a soccombere.

La Profezia: il motivo della grande fiducia riposta in Anakin sta proprio nella profezia che lo vede come il Prescelto che *"will bring bilance to the Force"*. Il suo primo mentore, Qui-Gon, ne era certo, così come ne sarà sicuro (sebbene sempre con qualche riserva) Obi-Wan. Una profezia vera, attribuita al giusto individuo, che agirà però in maniera macchinosa ed imprevedibile per giungere al suo compimento.

Al termine della sua caduta, avvenuta in un teatro infernale (il pianeta lavico Mustafar, che palesa la vicinanza della vicenda faustiana a quella di Skywalker) in un duello contro il suo mentore, Anakin si trasformerà nel cavaliere nero della tradizione medievale. In questa veste intraprenderà una sorta di crociata contro il figlio, che lo porterà

50

alla redenzione già presentata. Un risorgere, quello di Anakin, che si arricchisce di una tematica importante, rispetto alla tradizione mitologica e tragica: la redenzione attuata per volontà propria. Sarà lui stesso a trovare in sé la forza per riemergere dal baratro e sconfiggere i suoi demoni e il suo dolore. Un personaggio quindi profondamente complesso, sempre segnato da una lotta interiore tra Bene e Male, tra distruzione e creazione, che si paleserà al momento della sua caduta tra le fiamme con le ustioni terribili che evidenzieranno questa sua lacerazione.

3.1.2
Luke Skywalker

Il protagonista di quella che abbiamo in apertura visto essere una nuova epopea western riveste magistralmente il ruolo eroico mitologico adattandolo all'epoca contemporanea, liberandolo quindi degli elementi maggiormente incongruenti e riadattandoli al pensiero futuristico e fantastico che sottende l'intera vicenda. A ben guardare, ogni eroe narrato nei cicli mitologici deve compiere una ricerca, superare difficili prove, sconfiggere forze malvagie per diventare più forte. Basti pensare a Sigfrido, l'eroe germanico che uccise il drago Fafnir con la sua spada fiammeggiante Balmung, diventando così invincibile. O Artù, cresciuto da Merlino e divenuto re dopo aver estratto una spada da un'incudine, prima di ricevere dalla Fata del Lago la spada Excalibur (e qui la vicinanza con la storia di Luke è più evidente). Oppure Jaime che, allevato dai templari, combatté poco più che ventenne per riunire il suo popolo diviso dalla guerra civile liberandolo dagli invasori saraceni.

Nello schema stilato da Campbell in relazione al viaggio e alle tappe che l'eroe si trova a percorrere nella sua formazione sono notevolissimi i parallelismi tra il cammino di Luke e quello del padre Anakin con le evoluzioni di questi eroi della mitologia passata.

In primis occorre considerare la trilogia originale come un corpus isolato dal resto della narrazione filmica, per meglio analizzare la figura di Luke separatamente da quella del padre. Naturalmente, per esigenze filmiche, il cammino classico dell'eroe viene qui rimaneggiato e, pur mantenendo tutti gli elementi, mescola e anticipa gli eventi per creare un continuum più in linea con l'esperienza cinematografica contemporanea.

La Partenza: Luke ci viene presentato come un contadino adolescente di cui ignoriamo il passato (come lui stesso, del resto), e che vediamo nell'attimo in cui entra attivamente nella storia della galassia come uomo chiave degli eventi. L'appartenenza di Luke ad un mondo ordinario è quindi ben definita già dal primo scambio di battute tra il ragazzo e suo zio Owen, che lo tiene legato a questo mondo inattivo per paura che il temperamento avventuroso del giovane lo porti a ripercorrere la strada di suo padre (allo spettatore ancora celata). Da qui avrà luogo la sua partenza.

L'Appello e il Rifiuto dell'Appello: La scoperta del messaggio di Leia memorizzato sul piccolo robot R2-D2 propone a Luke il primo appello alla partenza. Un appello che Luke rifiuterà, pur rattristato dalla prospettiva di fossilizzazione in quel pianeta così lontano dall'avventura e dallo scontro che lui brama.

L'Aiuto Soprannaturale: tappa importante nel passaggio alla nuova vita dell'eroe è l'aiuto soprannaturale che soccorre il giovane eroe e lo convince a partire. In *Star Wars* questo aiuto si configura in modo molto articolato. In primo luogo R2-D2 scappa dalla fattoria, alla ricerca di Obi-Wan Kenobi (che Luke conosce solo col nome di Ben). La necessità, per Luke, di ritrovare il robot rappresenta un primo sprone venuto direttamente dalla Forza stessa alla sua partenza dalla fattoria. La seconda articolazione di tale aiuto è il successivo salvataggio, ad opera di Kenobi, del giovane e dei suoi due compagni metallici dall'attacco dei Tusken grazie ancora all'uso della Forza da parte del vecchio Cavaliere.

Il Talismano Magico: Spesso il mentore offre all'eroe un oggetto che potrà aiutarlo a procedere nel suo difficile cammino. Nella mitologia questo oggetto può essere dei più diversi. In Anakin abbiamo visto essere l'amuleto che l'eroe bambino dona alla dea; in Luke sarà la spada consegnatagli da Obi-Wan. Una spada che assume un significato particolare perché appartenuta in precedenza al padre, unendo così le vite dei due uomini rimasti a lungo divisi e portandoli a condividere il loro destino. È proprio quest'arma-talismano che spronerà l'eroe a compiere il primo passo verso la sua apoteosi.

La spada diventa il simbolo della forza dell'eroe, superiore a quella del normale uomo. Di fronte ad essa gli avversari saranno costretti a fuggire o morire (la lightsaber può infatti tagliare qualsiasi materiale e respingere i colpi di blaster). Un'arma che dona all'eroe anche il coraggio per affrontare i suoi nemici, rendendolo invincibile e protetto. È però anche un elemento da usare non solo al servizio della forza bruta, ma anche dell'intelligenza. Infatti è dalla mente che scaturisce il vero potere e il vero coraggio (è grazie all'intelligenza che Luke sconfiggerà il rancor).

Il varco della Prima Soglia: la partenza dal pianeta, forzata anche dall'uccisione degli zii di Luke da parte delle truppe imperiali, rappresenta l'allontanamento del ragazzo dal suo mondo, dalla sua infanzia, verso l'ignoto. Tatooine per questo diventa la prima soglia, per Luke. Oltre c'è lo sconosciuto, l'incertezza, lo spazio.

Il Ventre della Balena: esperienza di rinascita, il ventre della balena diventa qui macroscopicamente la fortezza (Death Star) dove è rinchiusa la principessa (Leia) sorvegliata dal drago (Darth Vader) ma anche, microscopicamente, la piccola avventura vissuta dal manipolo di eroi all'interno del compattatore di rifiuti del livello di detenzione (quasi un incastro di scatole sempre più piccole, di ventri contenuti l'uno dentro l'altro) in cui ha sede il Dianoga, mostro al centro del labirinto di condotti e corridoi della grande stazione spaziale. La presunta morte dell'eroe, necessaria alla sua ideale rinascita, è rappresentata dall'apprensione del droide dorato che si dispera e maledice la sua lentezza d'azione ascoltando le urla di giubilo dei quattro compagni da lui scambiate per urla di dolore.

Il processo seguente, quello dell'*Iniziazione*, spazia in tutta la trilogia, mostrando una fitta serie di interconnessioni al mito che contribuiscono a fare di Luke un vero e proprio archetipo dell'eroe mitologico classico.

La Strada delle Prove: viene riassunta in una breve scena di *A New Hope* durante la quale Luke si esercita, sotto la guida di Kenobi, all'uso della lightsaber che fu di suo padre (un passaggio di testimone, questo, molto significativo, che profila Luke come un nuovo Anakin, soggetto quindi alla caduta e al Male nella misura stessa in cui lo fu suo padre; oltre che naturalmente il passaggio di testimone dal padre al figlio nella missione di salvezza per la galassia e annientamento del Male). Una strada riassunta con la crescente difficoltà dell'esercizio, svolto anche ad occhi bendati, che riassume in sé tutto il lungo tirocinio all'uso del potere combattivo del ragazzo e dell'arma stessa (protezione, come si vedrà dopo, del potere stesso del Cavaliere).

Altra prova significativa per Luke sarà quella che lo vedrà immerso nel Bosco Sacro a fronteggiare le sue paure. La foresta, emblema dell'inconscio, nasconde le cupe emozioni del protagonista. Una valenza simbolica espressa al meglio in *Episode V*, quando Yoda invita Luke ad entrare nella grotta del Lato Oscuro per fronteggiare "*only what you take with you*".

L'incontro con la Dea: la duplice valenza di questo passaggio è evidente. In primo luogo la Dea è identificata con la Forza stessa, e quindi con l'incontro (consapevole) tra questa e Luke nel momento del suo tirocinio. Altresì l'incontro anticipato è quello con Leia, principessa da salvare, ma anche dea portatrice di salvezza (prendendo lei le redini del combattimento che porterà il gruppo nel 'ventre della balena').

La Donna quale Tentatrice: sarebbe più opportuno qui usare la dicitura originale della tappa eroica: *Temptation Away from the True Path*. Appare evidente che, se la donna riveste comunque una tentazione (comincia una infantile battaglia fra Han e Luke per conquistare la principessa), la tentazione vera giunge dall'incontro con il Lato Oscuro. Dapprima dopo la morte del mentore Obi-Wan, che porterà Luke a non curarsi più della salvezza dei compagni ma a scagliarsi contro il nero assassino di Kenobi, e in seguito con l'incontro-scontro col padre, che lo tenta ad unirsi a lui *"to rule the galaxy as father and son"*. Un'ultima tentazione arriva infine dall'Imperatore stesso, e dal suo invito a cedere alla rabbia e prendere il posto del padre al suo fianco. Luke resisterà a tutti questi attacchi, per cedere solo in alcuni frangenti, spinto più dalla compassione e dal senso di giustizia, che non dalla sete di potere e di gloria. La sorella-dea è anche uno dei motivi della sua momentanea perdita di controllo e quindi caduta nelle tenebre, quando il padre minaccia di portare lei sulla strada del Male. Così la dea è inconsapevolmente (come vedremo succedere con Padmé) la causa della – qui evitata – caduta dell'eroe nell'abisso del Male.

Riconciliazione con il Padre: quella che avviene alla fine di *Return of the Jedi*: la riconciliazione finale tra Luke ed Anakin, con la redenzione del padre, che torna ad essere un Cavaliere Jedi. Una riconciliazione che avviene dopo lo scontro edipico tra Luke e quello che lui non sa essere suo padre (anche se qui, al contrario che nell'*Edipo Re*, lo scontro avviene per vendicare il padre). La riconciliazione tra i due personaggi avviene dopo il necessario sacrificio che l'eroe deve compiere per giungere alla conoscenza mistica. La presa di coscienza da parte di Luke che Vader non è altri che suo padre, arriva dopo il violento fronteggiarsi dei due, entrambi spinti dall'odio, e dopo la sconfitta di Luke e la perdita della mano destra (assieme alla spada del padre). Ecco allora il confronto col padre e il rifiuto a seguirlo, scegliendo piuttosto di gettarsi nel vuoto incontro a morte certa.

Apoteosi: la tappa dell'*Apoteosi* (il diventare cioè simile al dio) tocca anche Luke, che completa, con l'aiuto di Yoda, la sua iniziazione e diventa un completo Jedi. Si inserisce quindi attivamente nel flusso della Forza, unendosi ad essa e diventando una sua parte attiva.

Il *Ritorno* è l'ultima parte importante del cammino eroico. Attraverso il ritorno l'eroe può mettere i suoi poteri al servizio del suo popolo, e può continuare a svolgere il suo ruolo in seno alla comunità che protegge.

Rifiuto a Tornare: Luke, dopo la morte di Obi-Wan, si scaglia contro i suoi assalitori, allontanandosi dal Millennium Falcon pronto a partire. Deve essere richiamato dai compagni prima e dallo spirito di Kenobi poi, per decidersi a tornare sulla nave e continuare il suo itinerario per acquisire coscienza dei suoi poteri e del suo scopo.

Anche in Luke, come in Anakin, è presente l'immagine della discesa agli Inferi, anche se in questo caso Luke tornerà sempre in superficie. Sono molteplici gli eventi che portano Luke a discendere nel sottosuolo: l'inoltrarsi all'interno della Death Star; il duello su Cloud City (la fotografia usata nei Livelli Inferiori, come si vedrà nei capitoli successivi, ha una forte dominante rossa negli elementi che simboleggiano la discesa); lo scontro con l'Imperatore e col padre sulla seconda Death Star. Così come Ercole ed Enea scenderanno negli Inferi per attuare l'uno il proprio cammino, l'altro la propria conoscenza, Luke è costretto a discendere per entrambi i motivi, e sarà capace di ritornare al mondo reale con pieno successo, portando con sé il corpo del padre, ora redento.

La Fuga Magica: di seguito al rifiuto a tornare, la fuga del Millennium Falcon dalla Death Star rappresenta la fuga magica che permetterà a Luke di arrivare con i compagni su Yavin 4 e studiare l'offensiva alla stazione spaziale da battaglia dell'Impero Galattico. Altra fuga è naturalmente quella dai soldati all'interno della Death Star, dopo l'incontro con il Dianoga. O ancora quella dal galeone di Jabba sopra al pozzo di Carcoon. Così Luke si trova ad essere due volte salvatore della principessa, così come Lancillotto lo sarà per Elaine, traendola in salvo dalla torre (chiara qui la possibile identificazione torre - Death Star - galeone) o Perseo che salverà la principessa legata ad una roccia e offerta in sacrificio ad un mostro che emerge dal mare (anche qui il mostro-Dianoga che emerge dalle acque per cibarsi dell'esca sacrificale).

L'Aiuto dall'Esterno: Anche in questo frangente si ha una duplicità di significato. La prima interpretazione a questa tappa è data dall'intervento di Obi-Wan che, nel canalone della Death Star, invita Luke a spegnere il computer di bordo e ad affidarsi alla Forza e a sé stesso per distruggere la stazione. Ma ancora più sorprendente è l'aiuto che giunge invece da Han Solo che, a bordo del Millennium Falcon, giunge a far piazza pulita degli inseguitori di Luke, libero ora di sparare i siluri protonici e mettere fine (momentaneamente) al terrore imperiale. Lo stesso tipo di aiuto giungerà al termine di *Episode VI* da Darth Vader, che salverà Luke da morte certa uccidendo l'Imperatore e redimendosi (un'azione che può esser vista anche specularmente come l'aiuto di Luke che spinge il padre alla redenzione).

Il Varco della Soglia del Ritorno: all'ultima soglia Luke arriva assieme al padre, a bordo della seconda Death Star ormai in distruzione. Qui Luke si mostra al padre, osservando il suo vero volto, e lo porta (ormai morto) fuori dalla fortezza, superando così la seconda soglia e tornando ai suoi amici, a sua sorella e ai giusti onori da tributare ad Anakin Skywalker.

Signore dei Due Mondi: il ruolo particolare attribuito all'eroe vincitore è rappresentato da Luke, al termine di *Episode VI*, in maniera estremamente appagante. Lo vediamo signore del mondo soprannaturale in contemplazione del corpo del padre sulla pira infuocata, e in seguito signore del mondo reale assieme ai compagni nel corso dei festeggiamenti sulla luna boscosa di Endor dove, a sancire la sua grandezza, giungono anche gli spiriti di Obi-Wan, Yoda e Anakin. Ora Luke potrà tornare a piacimento a vivere in ognuno dei due mondi (quello spirituale della Forza con la meditazione e la possibilità di dialogare con quegli spiriti, e quello reale della vita della Nuova Repubblica e degli amici).

Libero di Vivere: l'eroe e il popolo della galassia sono finalmente liberi di vivere senza il giogo imperiale.

Esistono nella vicenda di Luke anche altri elementi tipici del racconto mitico (alcuni già citati in precedenza nell'analisi complessiva della Saga e nella trattazione del personaggio di Anakin).

I Due Mondi: la Forza e il mondo terreno, ma anche Tatooine (pianeta sabbioso casa di Luke) e la Death Star (planetoide artificiale).

Il Mentore: incarnato da Obi-Wan Kenobi.

L'Oracolo: Yoda, sempre foriero di consigli, insegnamenti e risposte.

La Profezia: Luke è destinato a sconfiggere il padre e l'imperatore, per questo viene nascosto a Darth Vader e a Palpatine e viene tenuto sotto osservazione da Obi-Wan nel corso della sua crescita, per poi essere introdotto sulla strada che è – in un certo senso - costretto a percorrere.

L'Eroe Fallito: Biggs Darklighter, il primo a parlare compiutamente a Luke della ribellione e colui che per primo fallirà il colpo decisivo alla Death Star, poi messo a segno da Luke.

L'Indossare la Pelle del Nemico: Luke e Han indossano le armature dei soldati imperiali per intrufolarsi nei corridoi della Morte Nera.

L'Elemento che Oscura l'Eroe: non è in realtà un vero oscuramento, quanto una condivisione dello spazio. L'eroe è costretto a proseguire in compagnia di un personaggio del quale inizialmente non si fida. La figura di Han è qui realizzata ad hoc per il ruolo da lui ricoperto nella storia del cammino eroico. Una canaglia, spaccone, tipico cowboy solitario che si fida solo di sé stesso e della sua pistola, sempre pronto alla sparatoria. Ma dall'animo buono, che lo porterà a divenire il deus ex machina che permetterà a Luke di concludere con successo la sua missione.

L'Inseguimento dell'Animale Solitario dentro la Foresta Incantata: una tappa fondamentale per avvicinare l'eroe al suo destino (e alla magia che permeerà la sua missione) è rappresentato da una sorta di esca che l'eroe insegue perdendosi nella foresta magica dove comincerà il suo viaggio. Questo elemento, che compare in *A New Hope* a viaggio già iniziato, sarà comunque necessario per introdurre Luke ad una concezione più profonda del suo cammino e della Forza e ad avvicinarlo alla principessa-dea. È l'inseguimento che il Millennium Falcon ingaggia con un Tie Fighter solitario diretto alla Death Star. Il gruppo verrà così guidato all'interno della foresta (lo spazio) e poi costretto a procedere sul percorso eroico del proprio destino (il raggio traente della base spaziale costringe i quattro a nascondersi ed attendere l'entrata nella fortezza).

Questa analisi dimostra che Luke Skywalker è un personaggio complesso (anche se non il vero protagonista della Saga) perfettamente in linea con la funzione archetipa eroica nella creazione del mito contemporaneo.

3.1.3
Obi-Wan (Ben) Kenobi

L'eroe è spesso ignaro del proprio destino e delle abilità che porta in sé e che gli serviranno per compierlo, fino a che non incontra una guida, un mentore, che lo indirizza verso quello che sarà il suo cammino. Obi-Wan Kenobi è appunto questo, per Luke (e per Anakin prima). Sarà il vecchio Maestro Jedi a far scoprire a Luke le vie della Forza, i poteri e l'uso della lightsaber, e ad accompagnare l'eroe per molta parte del suo sentiero.

Nella maggior parte dei miti l'eroe perde il suo mentore prima di aver completato la propria ricerca. Ma anche dopo la sua scomparsa, il mentore continua a dare consigli all'eroe su come proseguire e come sfruttare il proprio potere. Nel ciclo arturiano Merlino, dopo aver rivelato ad Artù il proprio destino e dopo aver aiutato il futuro re ad iniziare il suo viaggio, scompare, continuando però ad aiutare il condottiero. Anche Obi-Wan è destinato alla stessa sorte. Sacrificatosi nel duello con il suo vecchio allievo Darth Vader, Kenobi, consapevole della potenza del suo spirito rispetto a quella del suo corpo materiale, scompare riunendosi alla Forza, per poi tornare sovente a consigliare a Luke.

3.1.4
Han Solo e Chewbacca

L'eroe inizia sempre ad intraprendere il viaggio da solo, ma la sua formazione non potrebbe essere completa se durante il viaggio non incontrasse una serie di compagni, aiutanti che gli offrono la loro esperienza per arricchire le sue capacità nell'affrontare i pericoli disseminati lungo il suo cammino. Luke incontra i suoi compagni nella Cantina di Mos Eisley, ritrovo di criminali, contrabbandieri e strane creature. Assieme al mentore Obi-Wan, Luke si trova catapultato in un mondo prima solo osservato dal di fuori, nel quale non è ancora pronto a muoversi. Ma l'incontro con i nuovi compagni aprirà la sua mente a nuove conoscenze e nuove esperienze.

Così come Artù si circonda di un gran numero di cavalieri, suoi compagni a Camelot, e come Giasone fu accompagnato dai celebri Argonauti alla ricerca del vello d'oro Luke trova, seduto ad un tavolo in ombra nella taverna, Han Solo, abilissimo pilota corelliano.

Personaggio inizialmente borioso, sempre spaccone, che proviene direttamente dai western americani degli anni sessanta e settanta (basti osservare il suo costume e il cinturone che ne cinge la vita). Han è un contrabbandiere di chiara fama, ora braccato da un boss del crimine di Tatooine. L'aiuto che egli concede a Luke è motivato dal bisogno dei soldi che gli servono per estinguere il debito che rischia di portarlo alla morte. Un viaggio semplice, per aiutare un ragazzo e un vecchio a raggiungere Alderaan, che si rivelerà l'accesso ad un destino radioso di eroe ribelle e di sposo della principessa che lui stesso inizialmente rifiuta di salvare. Un individuo che mette quindi in ombra la centralità dell'eroe classico, ma che si rivelerà in più di un'occasione necessario per la riuscita della missione eroica. In relazione alle varie fonti di ispirazione di Lucas, è inevitabile ritrovare nell'impetuoso Han un riferimento ai pistoleri delle epopee western del cinema americano.

Han Solo sottrarrà a Luke la tappa fondamentale successiva all'incontro con la divinità: l'*Unione Mistica*. Sarà infatti lui ad essere attratto da Leia e a trovare corrisposta questa attrazione. La ricerca amorosa di Han quindi si compie, lasciando libero spazio a quella prettamente spirituale di Luke. A conferma dell'importanza del personaggio sta anche la necessità, per Han come fu per Luke, di passare attraverso un sacrificio e un tradimento per giungere alla conoscenza mistica (nel suo caso l'unione con la dea). Han Solo è vittima del tradimento di Lando e grazie a questo apprende dell'amore di Leia. Deve poi sacrificarsi passando attraverso una sorta di morte (il congelamento nella carbonite – elemento presente in molte figure mitologiche, come Medusa capace di trasformare in pietra con lo sguardo) per attuare questa unione.

Chewbacca, secondo pilota di Solo, è legato a lui da un vincolo inscindibile, un debito di vita che porta i due a scorrazzare per la galassia in coppia e a diventare assieme anche artefici del compimento del destino dell'eroe. Nel canalone della Death Star sarà infatti Han, assistito da Chewe, a liberare Luke dai tre caccia Tie al suo inseguimento (uno di essi pilotato da Vader in persona) e permettere quindi all'eroe di compiere la prima parte del suo cammino.

3.1.5
Leia Organa (Skywalker)

L'oggetto del desiderio, la ragione della spinta all'avventura, è la principessa Leia, che incarna la purezza e la nobiltà della spinta che l'eroe sente a compiere il proprio destino. Spesso è infatti proprio la dea a spingere l'eroe ad accettare il cammino proposto dal mentore, ed è la dea la meta che l'eroe spera di raggiungere e alla quale unirsi completando sé stesso.

L'interesse di Luke per l'avventura viene infatti risvegliato proprio dalla prima comparsa di Leia come ologramma nella memoria del droide R2-D2. Il fascino della ragazza fa presa immediata sull'eroe, ma non colpisce solo il ragazzo. Catturati dalla Death Star, il castello in cui la principessa è rinchiusa, Han e Luke compiono la loro prima impresa insieme, liberando la ragazza dal blocco di detenzione in cui era rinchiusa. Un fascino, quello di Leia, che si infonde quindi anche nella mente di Han Solo, opportunista e individualista, che finisce per cedere alla richiesta dell'eroe a soccorrere la dea in difficoltà. Leia non diventa quindi solo la fiabesca principessa da salvare dalle grinfie del mago cattivo e del drago (Darth Vader), ma addirittura lo sprone a continuare la propria missione, la ricompensa per raggiungere l'estasi e per completare il proprio cammino.

La scoperta del legame familiare che lega Luke a Leia porta poi l'eroe a distogliere la sua attenzione dall'unione divina, per rivolgerla alla riconciliazione col padre e alla salvezza di entrambi dalle grinfie del puro Male (incarnato nell'Imperatore). Leia, dal canto suo, sposta le sue attenzioni verso la canaglia che accompagna l'eroe. Han diventa il punto di riferimento per la principessa, l'oggetto del suo interesse e poi del suo amore, attuando l'unione mistica impossibile nel rapporto col salvatore-fratello.

3.1.6
C-3PO e R2-D2

L'avventura dell'eroe comincia spesso con l'arrivo di un messaggio inaspettato, e con un animale (sovente una preda) che attira l'eroe nel Bosco Incantato contro la sua cosciente volontà di intraprendere il cammino designatogli dal destino. Entrambi questi elementi sono rappresentati in *Star Wars* da un droide: R2-D2. il piccolo e versatile astrodroide mostra infatti a Luke l'immagine della principessa Leia, così da interessare l'eroe alla divinità, per poi fuggire nel deserto, costringendo Luke ad inseguirlo e cercarlo fino all'incontro con Ben Kenobi. R2 diventa così una sorta di nuovo Mercurio, messaggero degli dei e latore di informazioni di importanza vitale per il compimento dell'azione eroica (la sua memoria contiene anche i Piani della Death Star che permetteranno a Luke di sconfiggere la brutalità imperiale).

C-3PO appare invece un personaggio dalla funzione più complessa, per la sua presenza in ogni momento chiave dell'esistenza dei protagonisti della Saga. Costruito da Anakin Skywalker con pezzi di ricambio raccattati al negozio di Watto, il droide protocollare diventerà interprete dei più importanti momenti che segneranno al fine della Vecchia Repubblica e la nascita della Ribellione. Le avventure da lui vissute lo hanno portato a sviluppare una personalità del tutto particolare, perfezionista e ansiosa, che lo rende per Luke un vero e proprio 'grillo parlante'. Non preparato per le missioni e gli eventi in cui si trova catapultato, diviene un elemento di legame importante fra Anakin e suo figlio Luke, nonché il vero elemento unificante dei sei film che compongono la Saga. Un droide dorato, antropomorfo ma ancora lontano dall'iperrealismo dei droidi di Asimov, è indubbiamente accostabile a Maria, il robot di *Metropolis*, a voler omaggiare nel capolavoro di Lucas il grande genio di Lang.

3.1.7
Yoda

Per l'eroe, nel corso del suo apprendistato, non è solo il mentore a rappresentare un punto di riferimento fondamentale per il giusto adempimento del suo destino. Elemento importante è anche l'Oracolo, colui che può leggere il passato, il presente spazialmente lontano e il futuro immediato. Colui che può istruire l'eroe giungendo nelle profondità della sua mente e del suo animo, svelandone paure e ansie per combatterle e sconfiggerle, facendo di un semplice ragazzo l'artefice del destino di una galassia. Yoda incarna alla perfezione questa figura a diretto contatto con le forze soprannaturali, da cui attinge il suo sapere e il suo potere per addestrare l'eroe a padroneggiare le tecniche di cui lui è portatore.

Anni di meditazione e solitudine hanno infatti permesso a Yoda di potenziare il suo già grande contatto con la Forza vivente, permettendogli quindi di accogliere Luke, svelandogli il suo vero ruolo e il suo vero destino.

Yoda, grazie a questa abilità, è uno dei protagonisti della svolta imperiale. Il suo duello contro l'Imperatore, giocato come uno scontro paritario tra luce e tenebre, segna la sconfitta inevitabile del Bene, che soccombe sotto i colpi del potere oscuro ormai dilagante. Ma la sconfitta di Yoda diventa una nuova possibilità di speranza quando, nel suo esilio su Dagobah, il vecchio Maestro si allena in attesa della venuta del figlio di Skywalker, pronto all'addestramento. Come un vero Oracolo, Yoda fornirà a Luke interrogativi e risposte per spronarlo a compiere il suo destino. Yoda diventerà quindi, dopo la morte del mentore, un nuovo punto di riferimento per l'eroe, una nuova possibilità di conoscenza e di crescita.

La funzione di Oracolo di Yoda sarà palese quando il Maestro manderà Luke all'interno della grotta del lato Oscuro, ad affrontare le sue paure e ad osservare l'allegoria della sua genesi, di fronte al potere del Male. Il vero interrogativo dell'Oracolo sarà proprio questo. Sarà l'esperienza che segnerà le gesta di Luke (così come segnò quelle di Edipo) nel compimento del suo inevitabile destino.

A sottolineare l'importanza spirituale del personaggio, la sua collocazione in un pianeta interamente coperto di boschi e paludi (Dagobah) lo accomuna alle immagini dei druidi dell'Europa antica, legati alle querce sacre che accoglievano gli déi celti (così Yoda medita nella foresta che accoglie la Forza).

3.1.8
Imperatore Palpatine (Darth Sidious)

La vera incarnazione del Male, accanto a Darth Vader (individuo in bilico tra la pura malvagità e la luminosa speranza di redenzione), è Palpatine. La genesi di questo personaggio è quanto mai interessante, dal punto di vista simbolico e mitologico. Ogni sua parola, soppesata con cura, fa parte di un disegno decennale per la conquista del potere e l'annientamento del Bene. Dalla sua prima comparsa in *The Phantom Menace*, Palpatine si presenta come un amico, un personaggio positivo, che porta la speranza al suo pianeta natale (Naboo) e addirittura ottiene il ruolo di Cancelliere della Repubblica per risolvere la questione che opprime il suo paese e gran parte della galassia. Ma questo non è che il principio del grande disegno del maestro del Male.

Dopo aver promesso ad un giovanissimo Anakin di seguirne la carriera di Jedi *"with great interest"*, ritroviamo Palpatine alle prese con la prima grande crisi del suo mandato (ormai protrattosi per dieci anni, ben più di quanto normalmente concesso). L'unione dei Sistemi Indipendenti vuole staccarsi dalla Repubblica. Il Conte Dooku, eseguendo gli ordini di Darth Sidious, sta indebolendo il potere repubblicano, in vista di una lunga e terribile guerra. Su questo sfondo Palpatine comincia a diventare per Anakin il padre che il ragazzo non ha mai avuto, lo consiglia, lo sprona su una strada che non è quella dei Jedi, lo plasma per renderlo fedele e fidato.

Ma la vera apoteosi del personaggio si avrà con gli eventi narrati in *Episode III*. Palpatine qui si rivela ad Anakin. Certo della sua fiducia, lo sprona apertamente sulla via del Male, prima con l'omicidio di Dooku, poi con il sottile gioco psicologico e il miraggio di nuovi poteri, utili a salvare la moglie di Anakin da morte certa. Movimenti leggeri, quelli di Palpatine, che spostano le pedine sulla scacchiera a creare una morsa salda in cui stritolare gli avversari, il tutto messo in ombra nella più luminosa evidenza.

L'abilità di manipolare la mente con la sola dialettica, la capacità di offrire l'avverarsi del sogno e la possibilità della gloria, sono le vere armi di Palpatine, maestro dell'arte oscura e grande conoscitore della psiche umana. Come un burattinaio, tira i fili che muovono la galassia e Anakin per giungere alla risoluzione del suo piano di conquista.

Una volta assoggettato Anakin, che poi vedremo al suo fianco nella spaventosa armatura nera, sarà la volta di spostare l'attenzione su Luke, il nuovo eroe venuto per distruggerlo. E con Luke il gioco sarà il medesimo. Ma questa volta saranno anche i poteri combattivi di Sidious ad essere sprigionati per segnare la fine di Skywalker, che quasi assimilando l'esperienza del padre, resiste agli attacchi mentali dell'abile Imperatore.

Le prime apparizioni di Sidious lo connotano magistralmente nell'universo mitologico e significativo dei personaggi. Dalla prima apparizione dell'*Episode I* la sua figura è quasi sempre presentata in ologramma, come proveniente dall'Ade, dai mondi sotterranei in cui le forze del Male tramano nell'ombra per rovesciare l'ordine costituito. Nelle vesti di Palpatine, Sidious si mostra invece solare, radioso per la nuova nomina a Cancelliere, sempre vestito di colori vivi, simbolo di una positività tutta apparente e mendace.

Questa grande complessità ne fa un perfetto esempio del concetto di labirinto e del Male in esso annidato. Un labirinto creato dai grattacieli e dalle strade di Coruscant, in cui Palpatine ha alloggio, ma anche un labirinto fatto di menzogne e illusioni, al cui centro Sidious tesse le sue trame.

3.1.9
Lando Calrissian

In ogni mito, così come è presente l'aiutante e il compagno, così è presente il traditore. Una persona che si crede affidabile e che si rivela invece il peggior nemico. Lando è però un traditore sui generis, che svolge un triplo gioco nei confronti degli eroi. Accoglie nella propria dimora i fuggiaschi Han, Chewe, Leia e i due droidi, li cura e offre loro ospitalità. Ma questa facciata amichevole è presto destinata a rivelare il tradimento forzato di Lando, spinto da Vader in persona ad intrappolare gli amici. Non è però il doppio gioco a bastare a questo contrabbandiere e giocatore d'azzardo. Al tradimento lascia subentrare infatti una nuova, programmata amicizia. L'espiazione avverrà poi con la liberazione di Han Solo dal palazzo di Jabba the Hutt, dove Lando metterà a repentaglio la propria vita, come aveva precedentemente fatto con quella dei suoi amici.

La figura dell'amico ingannatore è quindi necessaria per sviluppare il racconto mitologico ed offrire all'eroe la consapevolezza della sua vulnerabilità.

3.2

I Personaggi Secondari[16]

Accanto ai principali artefici del destino della galassia esistono innumerevoli altri personaggi che incarnano precisi elementi del racconto mitologico e che assurgono a simboli di una sconfinata allegoria.

3.2.1

Shmi Skywalker

La madre di Anakin riprende la figura della Vergine, destinata a generare il Messia che porta la parola del Padre, colui che qui porterà equilibrio nella Forza. Sarà lei a raccontare a Qui-Gon lo strano concepimento di Anakin ad opera dei Midi-Chlorian stessi. La nascita di un figlio generato dalla Forza (ma in realtà da Palpatine-Sidious, come velatamente rivelato in uno dei più intensi momenti della Saga) che diventa a tutti gli effetti il Messia, sempre presente nella mitologia tradizionale e in particolare nelle maggiori religioni.

Il destino di Shmi rappresenterà, sempre sotto l'influsso di Palpatine, il primo passo nel destino di Anakin, che si lascia invadere dall'ira per la perdita della madre accogliendo quindi ciò che il fato ha già in serbo per lui.

---

[16] La definizione di 'secondari' data a questi personaggi non vuole sminuire la loro importanza nella storia e nell'evoluzione dei suoi protagonisti ma significa semplicemente che la loro carica simbolica è limitata rispetto alle grandi icone della Saga. AT

3.2.2
Padmé Amidala (Skywalker)

Padmé, ex regina di Naboo, co-fondatrice della Ribellione contro l'Impero Galattico, moglie di Anakin Skywalker, è il personaggio chiave della genesi di Darth Vader. Nonostante il divieto dell'Ordine dei Jedi di sviluppare legami, Anakin mostra la sua indipendenza dalle regole sposando Padmé subito dopo l'inizio delle Guerre dei Cloni. Nonostante gli impegni, i due troveranno il tempo per stare assieme e concepire i gemelli che saranno la chiave della svolta di Anakin al termine del suo cammino di lotta interiore contro i fantasmi del suo presente.

La regina guerriera, come ci viene presentata nei primi due episodi della Saga, è frequente nel racconto mitologico. Come lo sarà Leia al momento del suo incontro con Luke, lo è Padmé nei momenti di travaglio della galassia. Pronta a combattere come un'amazzone, ma ad essere dolce e indifesa come una regina delle fiabe, Amidala mostra una doppia essenza che la rende completa e molto vicina alla figlia. Abilità diplomatica e coraggio, fragilità e forza del suo amore, sono le armi che usa per plasmare il proprio destino, incurante delle regole, verso l'*Unione Mistica* con l'eroe che porterà prima al completamento di Anakin come essere umano e poi alla sua riduzione a macchina.

La definitiva caduta di Anakin nelle tenebre deriverà proprio da questo forte legame con la moglie, rafforzato dalla notizia della gravidanza. Gli incubi di Anakin sulla morte di Padmé durante il parto lo portano a cedere all'invito subdolo di Palpatine ad aprirsi ad una conoscenza superiore dei poteri della Forza, abbracciando il Lato Oscuro. E conforme al classico destino tragico, il tentativo di mutare il futuro temuto determina l'avverarsi del futuro stesso. Il passaggio al Lato Oscuro di Anakin segna la sconfitta del Bene e dei tentativi di Padmé di redimere Anakin. Così il parto, che al fianco dell'amato si sarebbe rivelato latore di gioia, diventa un incubo che si avvera, un momento di genesi di due vite che ne spengono una. E mentre la speranza di Padmé muore con lei, un'altra speranza, quella dei gemelli, si accende col suo sacrificio.

3.2.3
Jar-Jar Binks

Il personaggio più controverso e disprezzato della Saga, Jar-Jar, ha un ruolo ampio ed evidente solo in *The Phantom Menace*. Un ruolo difficile da comprendere se non in funzione di una introduzione necessaria al vasto universo ormai ben conosciuto della galassia.

Ma a ben guardare, in Jar-Jar c'è più di quello che viene mostrato. Talvolta l'eroe mitologico viene accompagnato nel suo viaggio da uno stupido, che si rivela fonte di aiuto inatteso nei momenti più insperati. Aiuto e seccatore al contempo, Jar-Jar accompagnerà Qui-Gon oltre il centro del suo pianeta, indicandogli la breve via per salvare la regina di Naboo, e lo porterà all'incontro con Anakin, attraverso le sue buffonerie.

3.2.4
Darth Maul, Count Dooku (Darth Tyranus) e Grievous

I tre grandi nemici degli eroi del Bene Obi-Wan Kenobi e Anakin Skywalker nella prima trilogia sono accomunati non per la loro scarsa importanza mitologica ma, al contrario, per la loro grande valenza simbolica e significativa ai fini della creazione del nemico per eccellenza: quel Darth Vader che sarà il simbolo stesso della pericolosità del Lato Oscuro. Nel corso degli anni, al fianco di Sidious si sono succeduti molti apprendisti. I più temibili e i più importanti saranno senza dubbio quelli che verranno coinvolti nel piano di Sidious di conquista della galassia e assoggettamento del giovane Skywalker. In effetti, l'importanza di trovare i tre personaggi riuniti in un unico paragrafo rispecchia proprio la necessità di osservarli in parallelo con Vader.

Darth Maul rappresenta la forza bruta, la rabbia, il rancore, il dolore del Lato Oscuro. La sua potenza deriva dalla sua ira profonda per il lato Chiaro, per il Bene. Questa sua rabbia e indole combattiva è espressa dalla sua arma particolare: una lightsaber a doppia lama.

Count Dooku, al contrario, è pacato e meditativo. Preferisce usare il cervello, prima che la spada. Studia la Forza e le sue sfaccettature per giungere ad una conoscenza superiore, e si pone verso amici e nemici con lo stesso profondo rispetto. Eleganza e nobiltà sono evidenti nell'elsa della sua lightsaber, ricurva, per una presa più elegante ed una maneggevolezza frutto di anni di studio.

Grievous, generale dell'esercito di droidi separatisti, non si può considerare un allievo di Sidious, ma a tutti gli effetti un nemico basilare per il duo Kenobi-Skywalker. Un essere alieno che non ha più nulla di umano se non cuore, polmoni, occhi e cervello. Il corpo gli è stato sostituito da uno scheletro in durasteel. A tutti gli effetti è un droide comandato da una mente viva, ma pur sempre una macchina.

Dall'analisi dei tre personaggi risulta evidente come essi siano stati creati per uno scopo particolare, oltre a quello della progressione storica degli eventi. Le tre personalità, con i loro tratti peculiari, saranno riuniti nella Vecchia Trilogia in un'unica figura: quella di Darth Vader. La rabbia, l'ira, il dolore continuo e perenne causato dalle ferite riportate nel combattimento su Mustafar sono gli elementi ritrovati precedentemente in Maul. La capacità meditativa, l'attenzione all'esplorazione della Forza, la lotta interiore sono i tratti di Dooku. Infine, l'esistenza di Darth Vader come individuo metà uomo metà macchina riprende Grievous e la sua estremizzazione della situazione di cyborg.

3.2.5
Boba Fett (e i Cacciatori di Taglie)

Come accennato in precedenza, *Star Wars* non nasce solo come rielaborazione in chiave contemporanea della vasta tradizione mitologica descritta da Joseph Campbell. I riferimenti che legano la Saga alla storia del cinema sono innumerevoli, e uno dei più evidenti è sicuramente quello del genere Western. Lucas, grande conoscitore del cinema, ha infatti cercato di riportare agli antichi splendori le epopee di conquista della frontiera del West che l'avevano fatto sognare da bambino, inserendo nella sua opera svariati riferimenti al genere. Tra sparatorie, duelli a colpi di Blaster (impossibile da dimenticare il faccia a faccia tra Greedo e Han Solo alla Cantina di Mos Eisley subito dopo l'incontro con Luke), fanno la loro comparsa anche i Cacciatori di Taglie che qui invece di cavalcare veloci puledri solcano i cieli a bordo di elaborate astronavi. La nuova frontiera, quella dello spazio, accoglie quindi una nuova generazione di avidi cacciatori tecnologici e spietati, sempre dalla parte di chi è disposto a pagare il prezzo maggiore per ottenere la propria preda.

Nel suo costume Boba Fett palesa la sua funzione di antieroe, dotato dei congegni per sopraffare il protagonista, del soldato in armatura, pronto alla battaglia e, come detto prima, del cacciatore di taglie del West, con un mantello consunto e un aspetto fiero e vissuto (quasi un Eastwood dello spazio). Ma non è solo questa la funzione attribuitagli nella Saga. Sarà Boba Fett a diventare il traghettatore di Han verso il palazzo di Jabba (così come Caronte traghetta le anime dei morti attraverso il fiume Stige).

3.2.6
Jabba the Hutt

Jabba è uno dei personaggi che lega di più la Saga al cinema degli anni cinquanta (fonte inesauribile di riferimenti per il regista). Dai gangster movies dell'epoca ne esce una figura grandiosa, ripugnante e perfida, che ricalca le orme dei nemici di Dick Tracy, maneggiando i fili di una grande organizzazione criminale che controlla l'intero pianeta di Tatooine. Anche Jabba lega la sua presenza a quella del mostro al centro del labirinto, il suo palazzo è infatti composto di camere e corridoi in cui si annidano altri esseri spaventosi, che sono preludio alla mostruosità dell'Hutt. Un personaggio chiave che porterà gli eroi, divisi da Darth Vader, a incontrarsi di nuovo dopo tre anni nel torrido deserto natale di Luke e con la sua morte preannuncerà il declino delle forze malvagie che reggono la galassia.

3.2.7
Stormtroopers (e Cloni)

Una menzione particolare va agli Stormtroopers e alle Guardie Imperiali (di seguito), per il loro grande valore simbolico. Esteticamente, i soldati dell'Impero sono protetti da un'armatura bianca (simbolo del Bene) derivazione dell'originale esercito di Cloni repubblicano addestrato su Kamino per le Guerra dei Cloni. Il bianco della divisa rimarrà quindi a fondere l'iniziale positività del corpo militare con la nuova oppressione e brutalità imperiale. L'armatura che ricopre il corpo dei soldati (spesso erroneamente interpretati come droidi, ma in realtà umani – agli albori dell'Impero, per la maggior parte cloni) riprende da vicino le armature dei cavalieri medievali. La ricerca dei disegnatori, McQuarry in testa, si è spesso rifatta al passato per trovare ispirazione e creare un nuovo universo, distante nel tempo e nello spazio, ma facilmente riconoscibile ed identificabile. L'armatura tradizionale di uno stormtrooper ricalca, nella sua composizione in molte parti articolate e legate da cinghie, quella dei legionari romani. Osservando invece il soldato intero è facilmente riconoscibile il collegamento con le armature del XV secolo, composte di piastre create per ottenere la massima mobilità del corpo, permettendo così ai soldati una grande libertà di movimento.

Infine occorre soffermarsi sull'organizzazione dei soldati. Gli accorpamenti e le marce, come si osserva nei film della Vecchia Trilogia e nella presentazione dell'esercito di Cloni, sono ripresi dalla storia antica, dalla marcia delle falangi riunite a quadrato. La disciplina è infatti l'ingrediente principale per ottenere un esercito forte e motivato. Così la disciplina voluta dall'Imperatore è, senza troppi mascheramenti, di diretta derivazione totalitaria: le scene dove Darth Vader o Palpatine vengono accolti a bordo della Death Star sono facilmente riferibili ai documenti filmati del regime nazista, in cui i soldati, schierati in guardia d'onore, guardano sfilare davanti a loro il Führer. Così come le divise dei generali (grigio-verdi, dal taglio spiccatamente tedesco, in clima nazista), anche il nome delle truppe dell'esercito (Stormtroopers) ricalca da vicino quello delle Sturmtruppen tedesche volute da Hitler.

3.2.8
Guardie Imperiali

Menzione particolare, dicevamo prima, anche alle Guardie Imperiali, che occupano un posto a parte per la simbologia della loro estetica. Solenni, alte, eleganti, paiono avvicinarsi più alle maestose statue di Coruscant, che non ai pratici e temibili soldati del regolare esercito imperiale. Infatti le truppe scelte di Palpatine sono molto di più: sono la vera esemplificazione del Male che circonda l'Imperatore. In posa statica, pronti a servire il Signore Oscuro, rappresentano la lealtà incondizionata al capo, una lealtà rappresentata anche dalle loro vesti. Simbolicamente il rosso che li ricopre totalmente simboleggia il sangue (anche se non si vede mai una guardia usare la forza). Ma in effetti il significato vero di quel colore è un altro: quello della diretta opposizione al Bene. A ben guardare, ciò che più crea discordanza cromatica col bianco non è il nero (simbolo comunque di malvagità), ma proprio il rosso acceso di queste truppe, che crea quasi un senso di vertigine, accostato al bianco candido della principessa Leia. È questa una ulteriore sottolineatura di quanto importante sia l'aspetto cromatico nell'universo di *Star Wars*, per definire ruoli, derivazioni e inclinazioni dei personaggi della Saga.

3.2.9
Alieni

Se nelle grandi opere fantasy come *The Lord of the Rings* di Tolkien o *The Narnia Chronicles* di Lewis le differenti razze hanno peso particolare nell'evoluzione della vicenda, con particolari connotazioni culturali in relazione al loro ruolo nella storia, Lucas crea in *Star Wars* un universo composto di migliaia di specie con esclusivo interesse esotico. La necessità di caratterizzare la galassia, di renderla reale, pulsante del cuore di miliardi di popoli, ha portato all'introduzione, oltre che di una nutrita presenza umana (quasi tutti i protagonisti lo sono), anche di una grandissima varietà di fauna aliena fatta di insetti, pesci, uccelli, rettili e mammiferi dalle forme più varie, tutti accomunati da una maniacale costruzione della complessità biologica e chimica propria del mondo reale. Se nei primi episodi (*Episode IV – VI*) gli alieni sono presenti quasi esclusivamente per rendere verosimile il nuovo universo, nei Prequel la presenza di esseri 'altri' viene sfruttata per accrescere il senso politico della storia (l'alleanza fra Gungan e Naboo) o per attribuire alle varie specie peculiarità tradizionali (l'intelligenza dei Kaminoani, molto simili agli alieni di *Close Encounters of the Third Kind*, o la laboriosità degli insettiformi Geonosiani).

Accanto a questo interesse per la popolazione senziente (che vive in una multiculturalità e multirazzialità rifiutata solo dalla xenofobia imperiale) si muove un mondo di animali dai chiari riferimenti storici, mitologici e simbolici. Basti pensare ai Bantha cavalcati dai Tusken, coi quali essi vivono in simbiosi, che si riferiscono ai mammuth degli albori della civiltà umana; al Rancor, che come un golem ubbidisce agli ordini del suo padrone e del suo istinto, ribellandosi se necessario alla sua sottomissione (e il cui nome fa diretto riferimento alla sua rabbia); al Wampa, uomo delle nevi di Hoth; al Sarlacc e al Dianoga, mostri che abitano le profondità della terra (il primo nel Mare delle Dune di Tatooine, il secondo nelle viscere della Death Star, come minotauri al centro del labirinto creato l'uno dalle vie della Forza, l'altro dai condotti della Death Star) pronti a cibarsi dei malcapitati che cadono nei loro pozzi.

3.3
La Forza

Si è già detto in apertura come la Forza sia la rielaborazione del carattere trascendentale e divino del mito in senso contemporaneo e totalizzante. Ma nell'analisi della Saga essa si presenta come qualcosa di più: un vero e proprio personaggio, invisibile ed onnipresente, che fa muovere i personaggi verso un destino prefissato. È in effetti uno dei protagonisti principali dell'intera epopea. Spesso risuona tra i Cavalieri l'augurio, ormai assimilato dalla lingua corrente, *"May the Force be with you"*, e spesso si fa menzione alle vie della Forza che guidano le esistenze verso il futuro. Ma non va dimenticato come sia la Forza a donare ai Jedi gli straordinari poteri che permettono loro di compiere le loro missioni e lottare per il bene della galassia. Si deve alla Forza l'incontro tra Luke e Han Solo, la distruzione della prima Death Star, la lunga sopravvivenza di Yoda per addestrare Luke a diventare Jedi, e così via.

In senso simbolico, la Forza è l'unione col mondo, con il metafisico, col trascendentale, per liberare le potenzialità di ognuno verso la creazione del proprio destino. La presentazione di come in noi *"vi sia il Bene e il Male, e della possibilità di scelta che ci viene offerta. [...] Esiste in noi la possibilità del controllo sul destino. Esistono diversi sentieri che possono portare ad un grande destino."*[17]

In senso mitologico sicuramente la Forza si ritrova in numerosissimi miti come l'influenza dello spirito del mentore scomparso che guida le azioni dell'eroe, o della dea che protegge l'eroe dal mondo soprannaturale, per aiutarlo a concludere con successo la sua missione. Un elemento che quindi permane immutato nel corso dei millenni e nella società contemporanea viene abbandonato in favore del materialismo. Con *Star Wars* questo antico sentimento di fiducia e reciproco appoggio tra mondo naturale e dimensione metafisica viene ricostruito, per infondere fiducia agli eroi della nuova epopea e agli uomini che abitano il nuovo mondo tecnologico. In fondo *Star Wars* si basa anche, e forse proprio, su questo: opporre la spiritualità alla macchina, e ritrovare la naturale dimensione interiore contro l'artificiosità dell'esistenza impersonale.

---

[17] George Lucas intervistato da Bill Moyers per *The Mythology of Star Wars*.

4
LE ARMI

Così come i personaggi e i costumi, anche le armi svolgono un ruolo simbolico importante nella vicenda narrata dall'esalogia. Da un lato avvicinano la visione di questo passato ipertecnologico a quella cui lo spettatore è abituato nel mondo reale (i blaster sono rielaborazioni dei fucili in uso nella seconda guerra mondiale, così come le divise dei gerarchi imperiali e le loro pistole laser); dall'altro svolgono un importante ruolo iconografico e identificativo.

4.1
Death Star

La Death Star, planetoide artificiale costruito dall'Imperatore, può essere a tutti gli effetti considerate un'arma, vista l'immensa potenza di fuoco che è capace di generare, ma ha un ruolo primario anche nella rielaborazione del mito in chiave moderna. Il primo incontro con la Death Star si ha quando il *Millennium Falcon* insegue il *Tie Fighter* verso quella che sembra essere una luna che orbita nello spazio del pianeta Alderaan. Il *Tie*, che svolge il ruolo dell'animale inseguito dall'eroe nel Bosco Sacro, porta il *Falcon* dritto al castello del mago nero, dove è rinchiusa la principessa da salvare. Ed è questa la funzione della stazione spaziale che, come in una fiaba, diventa il castello dove vive il mago cattivo (Darth Vader) e dove la principessa (Leia) è tenuta prigioniera e sorvegliata dal drago (ancora Vader, ma anche la *Death Star* stessa, capace di sputare fuoco sotto forma di un raggio laser di potenza immensa). Ecco quindi che l'arma si trasforma in qualcosa di più: un essere vivo, pericoloso e orrendo, da sconfiggere per porre fine alle sue razzie. Una natura, questa, che viene ribadita nella discesa degli eroi nel compattatore di rifiuti, il ventre della bestia che l'eroe deve superare riemergendo e rinascendo dalla presunta morte.

4.2
Lightsabers

Parlando dei Cavalieri Jedi e delle loro spade, subito il riferimento obbligato è ai cavalieri medievali, ai loro spadoni dalle else lavorate e alle loro lame affilate. Le armi dei Jedi differiscono però molto dall'idea tradizionale di spada, al punto da non sembrare assolutamente spade, ma semplici cilindri di metallo. Ma una volta accesa, la lightsaber sa sprigionare, assieme alla sua fredda luce, anche tutta la potenza della spada classica, incarnando un potere che non è fisico, ma spirituale, così come i Jedi stessi vogliono mostrare.

La 'sciabola di luce' si discosta quindi dalla tradizione europea avvicinandosi alle katana orientali, con lame lunghe e strette ed impugnature a due mani, semplici e molto vicine a quelle dei Jedi. In effetti l'eleganza che queste armi sottolineano è propria, non tanto di spadaccini, quanto di 'cavalieri', come i samurai. E' per questo che le lightsaber, in una prima versione affidate a molti dei personaggi della Saga, compresi gli stormtroopers, verranno poi affidate solo ai Jedi, rendendo l'arma un simbolo, oltre che un mezzo, per intessere la profondità storica dell'Ordine e della galassia stessa, donando eleganza ai 'Guardiani della Pace' contro i goffi ed erratici fulminatori che tutti impugnano, dando vita a sparatorie rumorose e caotiche.

I Jedi, grazie alle loro armi, si distinguono immediatamente e nettamente dal resto degli esseri che popolano l'universo, e mantengono la pace grazie a queste armi che proiettano una lama di luce così come le loro menti sono illuminate grazie ai poteri della Forza.

Esse incarnano quindi una duplice valenza simbolica: una sorta di scettro che sancisce a prima vista il potere che possiede chi le brandisce; e il simbolo stesso dell'ordine e della pace di cui sono foriere, così come le spade tradizionali medievali rivelavano il rango di chi le portava.

Essendo poi creata dal singolo Jedi (non dalla divinità come spesso si incontra nel racconto mitologico, o non semplicemente trovata, come è invece il caso di Excalibur), la lightsaber diventa anche immagine dello stesso Jedi che la impugna, della sua spiritualità, della sua interiorità. Una spada, quindi, che ricalca l'immagine della lama riforgiata che troviamo nella mitologia nordica di Siegmund, costruita dall'eroe per infondervi il proprio potere. Un'elsa che ricalca un'essenza.

I colori attribuiti alle lame sono in maniera evidente simbolo del dualismo interno alla galassia e alla Forza stessa: i buoni usano spade dai colori chiari, i cattivi usano invece esclusivamente lame rosse per sottolineare, anche con la potenza e la valenza simbolica del colore, la separazione dei due poli in lotta.

Certamente, oltre ad un evidente carattere simbolico, anche dal lato mitologico è riscontrabile una certa somiglianza con alcuni dei miti passati. Guardando Luke, il primo pensiero va a Sigfrido e alla sua spada fiammeggiante Balmung, o ad Artù ed Excalibur. Ogni eroe ha una spada che lo accompagna e che incarna il suo potere rendendolo invincibile. Ma la lightsaber è – come si è osservato - soprattutto un simbolo, il segno di una casta ormai scomparsa, di un credo ormai sopito, che vuole rivivere attraverso il nuovo eroe per tornare all'antico splendore. La luce che la lama proietta sembra quindi essere la luce che la conoscenza della Forza porta agli iniziati. Un simbolo elitario, ma anche il simbolo della Forza e delle abilità superumane che appartengono al Jedi e immediatamente lo identificano.

4.3
Blasters

Come detto in apertura, il valore simbolico dei blasters si riferisce soprattutto ad una agevolazione per lo spettatore che viene a trovarsi proiettato in un mondo sì estraneo, ma al contempo familiare. Tutti i fucili e le pistole derivano infatti da armi in uso durante il secondo conflitto mondiale (osservando i fucili BlasTech E-11 dei soldati imperiali è possibile riconoscervi il British Sterling MK4/L2A3 del 1957). Un esempio su tutti è la pistola BlasTech DL-44 di Han Solo, costruita come rielaborazione del corpo di una Mauser 'Broomhandle' del 1896, celebre pistola tedesca. Il colore del raggio che queste armi emettono non ha valenze simboliche, essendo generalmente rosso. E' la loro semplice presenza e il loro uso a dotarle di valore significativo: le sparatorie, le spacconerie, i duelli riportano direttamente ai saloon dei vecchi film western, dove i pistoleri si sfidavano a duello e non esitavano ad aprire il fuoco per vendicare i torti subiti. Il blaster quindi diventa l'ennesimo segno evidente dell'interesse di Lucas ad unire l'antico mito alla recente epopea western.

5
LA MUSICA

Quando nel 1976 George Lucas scelse John Williams come compositore delle musiche per l'epopea della famiglia Skywalker aveva già in mente uno sviluppo sonoro che rispecchiasse al meglio il carattere mitologico della Saga. Gli elementi riconoscibili e comuni che gli spettatori avrebbero visto sullo schermo dovevano esistere anche nella partitura musicale. Il commento sonoro doveva quindi essere portatore di un significato e non un mero sottofondo alle avventure dell'eroe. E la bravura del compositore newyorkese fu all'altezza delle aspettative del regista di Modesto.

John Williams intuì immediatamente la valenza simbolica e mitologica della Saga e sviluppò la sua musica proprio in questo senso, arricchendo l'esperienza mitica con una partitura che ha rivoluzionato il modo di musicare i film. Il percorso creativo di Williams lo porta a recuperare la pratica di musicare le pellicole attraverso partiture sinfoniche e orchestrali che appartenevano alla Hollywood dell'età d'oro, riprendendo l'impiego del *leitmotiv* per rendere la musica un veicolo per il senso dell'immagine.

Una musica altamente significativa che procede per temi accostati a personaggi ed eventi e che serve ad accrescere il significato di immagini e messa in scena, arricchendo l'esperienza dello spettatore e trasportandolo in un mondo completo che, anche attraverso l'uso dei temi ricorrenti, non gli fosse estraneo ma comune e immediatamente riconoscibile.

Si tratta di pezzi che fanno largo uso anche della capacità espressiva dei singoli strumenti, basti pensare all'uso degli archi nei temi d'amore, delle percussioni e degli ottoni nelle scene d'azione, la malinconia della Forza, o la pomposità e tragicità del Male.

Riferimento doveroso ed evidente all'opera di Williams è il Wagner del Wort-Ton-Drama, l'opera unica che fonde mitologia e simbolismo in un'esperienza totalizzante. Anche Williams si affida alla pomposità sinfonica per rendere la musica significato e le immagini insegnamento, per rendere i personaggi archetipi e le azioni gesta uniche ed eroiche.

5.1
John Williams e la Trilogia Classica

La sinfonia in cui meglio Williams si è espresso è sicuramente la partitura dell'intera Trilogia Classica (*Episode IV-VI*). I temi qui segnano le tappe del cammino eroico con forza nuova per un'opera filmica.

A New Hope apre subito sull'azione, senza dare il tempo allo spettatore di comprendere come e perché si è giunti a quel momento; anche Williams proietta il pubblico nella fragorosa Guerra Civile Galattica e nell'eroismo cui i personaggi principali daranno vita, con un esordio imponente e galvanizzante, che avvolge lo spettatore e sembra volerlo invitare a fare appello a tutta la sua forza e al suo coraggio prima di immergersi nella guerra e nello scontro tra Bene e Male che, sebbene presentato come esteriore, risiede tutto nell'intimo dell'animo e coinvolge anche lo spettatore. E di seguito all'*Opening Title* c'è il tuffo tra le stelle, ultima frontiera oltre la quale risiede l'ignoto, e verso cui l'immagine ci sta trasportando.

Accanto a questo inizio sono poi molti i temi che rendono la Saga e i personaggi immediatamente riconoscibili. Luke è presentato con un tema fresco, leggero, simbolico della sua vitalità e del suo entusiasmo per il combattimento, per l'avventura, subito dopo aver presentato con grande solennità la figura del padre Vader, accompagnato dal tema più famoso dell'intera Saga: la *Imperial March* che riprende la musica militare e dona solennità ad ogni azione dell'Oscuro Signore dei Sith.

La presenza di Leia è invece identificata da una musica dolce, soffusa, che vuole avvicinare la sinfonia alla fiaba, ma che nasconde un lato forte, solido, fiero, che rispecchia l'immagine della giovane.

L'importanza della Forza è rappresentata da un tema infuso di malinconia e ricordo, che accompagna Obi-Wan Kenobi, donando all'immagine un senso di sospensione nella memoria che gli regala profondità e passato, riuscendo a realizzare in poche battute l'intento di mostrare l'universo starwarsiano come composto non solo dal qui e ora, ma da un tempo millenario e uno spazio immenso. Fondendo questo con il misticismo proprio della Forza stessa, che muove le azioni dei personaggi per forgiarli e renderli eroi.

Un eroismo sottolineato dall'ultimo brano dell'episodio, una fanfara celebrativa che mostra la vita militare della ribellione aprendola alla libertà.

The Empire Strikes Back è il regno dell'Oscurità, dell'Impero, e dall'inizio il tema dominante è appunto quella *Imperial March* solenne che non lascia margini di luce e speranza di salvezza. Rimangono naturalmente i riferimenti ai temi personali, ma ora il mondo appare, attraverso la musica, ordinato e spietato, senza lasciare spazio alle esplosioni sinfoniche che abbiamo conosciuto nel precedente episodio. Unica nota nuova è il sontuoso tema di archi per l'amore di Han e Leia, che apre una breccia nella compostezza imperiale verso una nuova speranza di rinascita.

Yoda invece viene situato in una dimensione diversa da quella materiale della galassia. Il tema che accompagna l'Oracolo è una ripresa di quello che accompagnava il mentore, ma qui si fa più solenne, profondo, spirituale e al tempo stesso dolce e rassicurante. Una musica che è destinata però a finire anch'essa nella sospensione, nella profondità del baratro, quando Luke si appresta a confrontarsi con il suo destino, su Dagobah, e a morire simbolicamente per propria mano.

Non per caso la sinfonia termina con la musica disperata e addolorata per la 'morte' di Han Solo, che viene portato via da Boba Fett verso un destino più crudele della morte stessa, lasciando i compagni sotto il giogo del traditore Calrissian.

Return of the Jedi diventa quindi anche musicalmente il momento della rinascita e della redenzione. È la sacralità, questa volta, a dominare il tutto. Un evento catartico e solenne, che deve riportare l'ordine nel mondo metafisico della Forza e nel mondo tangibile dell'Impero e della Ribellione. Le idee tematiche prima scoperte ritornano qui tutte, con particolare attenzione agli eventi, più che ai personaggi. Si ritrovano le musiche delle battaglie, dell'Impero e dei ribelli, così come l'evoluzione più matura dei temi personali, che segue la maturazione dei personaggi stessi. Ma è sicuramente uno il tema che più sarà significativo dell'intero episodio: la grande partitura della *Throne Room*. L'Imperatore è tratteggiato con una musica cupa, profonda, in cui gli ottoni fanno sprofondare l'ambiente nelle tenebre e il coro di voci profonde sembra rappresentare i demoni interiori ed infernali e chiamare gli eroi verso il fondo dell'abisso. Ma in questo tema l'Oscurità deve combattere con la rettitudine e la luce che Luke Skywalker, Maestro Jedi, rappresenta. Un dualismo, una battaglia, che diventa evidente quando le due linee si fondono per dare vita al commento della battaglia finale tra padre e figlio, in cui il coro sommerso dall'Oscurità si eleva a picchi di luce che trasportano l'anima di Anakin verso le vette del Lato Chiaro, in una lotta mortale all'interno della sua essenza.

5.2
La Nuova Trilogia

Con la trilogia dei Prequel John Williams appare più svogliato, nonostante la possibilità di rivisitare i vecchi temi e aggiornarli ad un nuovo cammino eroico, quello di Anakin. Sono quindi pochi i momenti veramente coinvolgenti nei primi due episodi.

In *The Phantom Menace*, introduzione alla storia, sembra non volersi nemmeno sforzare di essere all'altezza dei precedenti episodi. La partitura non vive dei richiami imperiali. La Repubblica è ancora forte, Palpatine deve ancora mascherarsi da senatore buono e gentile, Anakin non mostra ancora le sfaccettature che lo renderanno un personaggio memorabile. Tutto è patinato, tutto è nuovo e insolito. Così l'unico brano degno di nota si rivela essere *Duel of the Fates*, che tocca vertici notevoli per valenza simbolica e referenziale. Un'incalzante movimento che, assieme al coro, crea un crescendo continuo che rappresenta molto bene il compimento di un destino, il legame indissolubile tra Obi-Wan e Anakin attraverso il sacrificio del Maestro Qui-Gon. Una solennità pervasa dalla furia combattiva di Kenobi e di Maul, entrambi in cerca di una personale vendetta. Un tema che proietta l'ombra dei rinati Sith sulla Repubblica e sui Jedi, ma non riesce ancora ad essere del tutto convincente.

Con *Attack of the Clones* Williams pare evolvere finalmente verso la rielaborazione del passato. Ad un orecchio attento saranno noti i temi più importanti della vicenda di Skywalker quali la strage nell'accampamento dei Tusken e la successiva confessione, durante la quale riecheggia il tema di Darth Vader, che avvicina il giovane Anakin al suo inevitabile destino. E accanto a questo sta il vero tema del film, quello della storia d'amore fra Skywalker e Padmé Amidala. *Across the*

Stars sa commuovere, sa essere dolce, sa innalzare verso la luce i due amanti, e sa essere quindi terribile e malinconico per chi conosce già a cosa porterà quell'amore. Uno dei pezzi più belli dell'intera Saga proprio per questa sua capacità di riassumere la dolcezza e la felicità di un nuovo amore che non lascia spazio evidente alla caduta, ma che la anticipa, la suggerisce, lasciando lo spazio, dopo aver toccato l'apice del crescendo, ad una coda malinconica e sofferta.

5.3
Revenge of the Sith – Una Sinfonia della Memoria

Eccolo, il vero capolavoro di Williams. Non dimentico del lavoro svolto venticinque anni prima, il compositore newyorkese rispolvera le vecchie partiture per regalare agli spettatori una creazione capace di togliere il fiato anche senza osservare le immagini cui essa si riferisce. Riecco il tema di Anakin bambino, la sua innocenza, la sua ingenuità, e riecco la sua rabbia di adolescente, la sua voglia di conoscere e di essere forte, accanto ad una crescita interiore che lo ha reso più forte fisicamente e mentalmente. Torniamo quindi alla Forza, al misticismo del Tempio Jedi, alla felicità di Padmé, sposa del più grande eroe della galassia, ritorniamo alla guerra che ci inghiotte fin dal principio con un brano incalzante, ricco di velocità, di pericolo e di marzialità (sfruttando lo stesso tema che in *The Phantom Menace* era usato nelle battaglie tra Naboo e Federazione del Commercio). Non è ancora la marcia imperiale e non è ancora Darth Vader, ma molto vi si avvicina l'imperiosità che risuona nell'attacco all'astronave di Grievous e nel salvataggio di Palpatine.

Ed è proprio in Palpatine che si riversa tutta la valenza simbolica della partitura di *Episode III*. Il futuro imperatore è sempre accompagnato da movimenti ambigui, che partono in sordina, dalle profondità del baratro, per giungere all'intelletto di Anakin e dello spettatore quasi insinuandosi nella mente, con un ascolto forzatamente inconscio. Il tema imperiale si fa strada forte e totalizzante come un tempo. Darth Vader si mostra sotto la maschera di Anakin, e l'Impero dietro le azioni di Palpatine.

Ma occorrerà aspettare la seconda parte del film per arrivare al momento più toccante della sinfonia di Williams. Arriva il tradimento di Anakin, il suo affiancarsi al Lato Oscuro della Forza, e con esso arrivano le tenebre. Dopo la struggente morte di Qui-Gon e il combattimento tra Vader e Luke, l'abilità compositiva di Williams arriva a creare il punto di mezzo tra l'inizio della caduta dei Jedi e la redenzione dell'ultimo Sith: *Anakin's Betrayal*. Sono gli archi a liberare i sentimenti. Il pezzo procede lento, come un sudario che si stende sui corpi dei bambini che Anakin si lascia alle spalle. Il coro si insinua come a sancire il terribile destino di Skywalker. Una musica che non lascia spazio a speranza e luce, ma che sembra nascere dal buio e in esso sprofondare con una caduta incessante e inarrestabile. Non c'è spazio per la velocità del duello, per la marcia dell'Impero, per la giovinezza di Luke, ma solo per la morte. E proprio la morte prende forma nel tema seguente, la musica che si attendeva da venticinque anni, da quando Darth Vader si trova di fronte ad Obi-Wan nel corridoio della Death Star e guardandolo lo affronta apertamente: *"I've been waiting for you, Obi-Wan. We meet again, at last."* E' il momento in cui due fratelli si scontrano sapendo che uno dei due dovrà soccombere. In cui l'amore finisce per distruggere ciò da cui era nato e ciò che lo circondava. E' il momento della caduta degli eroi, siano essi vincitori o vinti.

Battle of the Heroes tocca il vertice oltre al quale non può esistere più niente di tanto sublime. L'inizio introduce senza preamboli al caos e alla solennità dello scontro. Gli archi si muovono rapidi e i corni rendono il momento fatalmente necessario. Il coro trasforma i due contendenti in esseri soprannaturali, riprendendo la necessità del fato, sempre sottolineata dalle voci. La marzialità è data dalla scansione

88

regolare dei tempi, anticipando quella che sarà la marcia imperiale che troverà spazio nell'ultima parte dello scontro. Ritorna il tema della Forza, ora esclusivamente vocale, che rende grave e oscuro quello che prima era il tema della memoria e della speranza. La conclusione non permette altra possibilità che non l'assoluto, la necessità, la sconfitta.

Neanche la nascita dei gemelli potrà portare la speranza. L'alternanza tra questa e la nascita di Vader che urla di dolore durante l'operazione che lo rende macchina porta all'origine di una partitura che sottolinea col coro la creazione del Male ed evidenzia sommessamente la nascita dei gemelli, nascosti al padre e all'Imperatore, mentre sfila il corpo di Padmé ricoperto di fiori.

E nell'Oscurità si giunge al termine, al brano che getta un ponte tra la trilogia dei Prequel e la Trilogia Classica. Il brano finale riprende tutte le musiche già conosciute. L'esordio è affidato al tema di Tatooine, luogo in cui lo spettatore conosce per la prima volta Luke, ma la musica lascia presto il posto al tema di Luke stesso e della Forza, più cupo, più sommesso, ma che apre ad una nuova speranza di crescita. E mentre scorrono i titoli di coda il brano continua riportando alla vita i duelli dei Jedi, la scoperta di Anakin, la sua caduta e la sua tragedia, ma anche Luke, Leia, Han e la vittoria sulla prima Death Star, l'*Imperial March* e sospinti dalla Forza, ancora una volta, gli strumenti si avviano alla grande fanfara iniziale che accompagna nell'intera Saga la scritta introduttiva, per lasciarci con la conclusione aperta e liberatoria della vittoria ribelle e della sua celebrazione su Yavin al termine di *Episode IV*.

6
BREVI NOTE SULLA MESSA IN SCENA

Così come la musica, anche la messa in scena svolge un ruolo primario nella veicolazione del senso simbolico all'interno della narrazione filmica. Non si tratta solo di armonizzare il quadro secondo i dettami della grammatica filmica, ma di creare riferimenti continui alla tradizione, al passato, per contribuire a rendere sempre più identificabili e riconoscibili personaggi e ruoli. Occorre così creare una composizione esteticamente alta, armonica, per rendere con una sola immagine anni di storia della galassia e dei personaggi che la popolano. Il pensiero va subito alla pregevole realizzazione della Cantina di Mos Eisley, all'inizio di *A New Hope*, un luogo caotico che richiama i saloon del West, dove un numero imprecisato di alieni trova il proprio posto e sembra necessario a quell'ambiente, naturale anche agli occhi del neofita.

6.1
I Costumi

I costumi sono una parte importantissima del concepimento dell'intera Saga perché servono a collocare i singoli personaggi in ranghi ed ambiti specifici immediatamente riconoscibili, fondendo quindi l'innovazione e la ricerca antropologica della nuova galassia con il passato reale e le influenze dalle culture europee ed orientali. Una fusione estetica che porta lo spettatore a riconoscere immediatamente, attraverso la simbologia del vestito, il ruolo del personaggio all'interno non solo del racconto filmico, ma della galassia stessa.

Da notare come manchino significati simbolici e mitologici nei costumi femminili. In effetti, le donne della galassia non hanno mai un ruolo mitologico e simbolico definito. I costumi di Padmé nei Prequel sono sfarzosi, eleganti, atti ad identificarla da subito come regina prima e senatrice di spicco poi, ma nulla di più. Così, i costumi di Leia identificano solamente il suo ruolo all'interno degli eventi che la vedono coinvolta (il costume da schiava al palazzo di Jabba o l'elegante abito della cerimonia su Cloud City). Unica eccezione è per il sobrio abito indossato da Leia in apertura di *A New Hope*: una tunica bianca a simbolo della propria affiliazione al Bene, opposta all'armatura nera di Vader.

6.1.1
Le Vesti Jedi

I vestiti dei Cavalieri Jedi sono particolarmente singolari. Costituiti da strati sovrapposti che riparano dal clima spesso ostile, mantenendo la leggerezza della stoffa sottile, essi sono il simbolo stesso della sacralità dell'Ordine e della loro persona. Confezionati con tessuti poveri (come risulta dall'analogia tra le vesti dei Cavalieri e quelle dei contadini di Tatooine) rimarcano la condizione esistenziale dei Jedi, simile a quella di monaci, che non possiedono nulla di proprio se non la loro arma, che luccica appesa alla cintura. Una veste, questa, che riprende la tradizione dei samurai giapponesi, richiamata dalle due fasce che dalle spalle arrivano sopra alle ginocchia e dal taglio a kimono che mostra la tela grezza.

Sopra le vesti, generalmente chiare, trova posto una tunica scura più pesante e più adatta ai climi rigidi e alla pioggia, che evidenzia ancora, con l'ampia apertura e la lunghezza, la volontà di mantenere un'immagine di leggerezza e mobilità. È proprio quest'ultimo indumento quello che avvicina di più i Jedi all'iconografia monacale. I Jedi non sono, certo, frati o eremiti, ma la sacralità che emanano rende necessario un abito che richiami subito la spiritualità che essi rappresentano. Basti pensare alla prima immagine di Qui-Gon e Obi-Wan in *Episode I*, in cui compaiono incappucciati e con le mani giunte sotto le maniche.

La valenza spirituale e simbolica del vestito dei Jedi ricompare con potenza rinnovata nella figura di Yoda. Qui viene eliminato il 'saio' esterno, per lasciare solo la tela grezza a coprire il corpo. Una stoffa lisa, sporca ma ordinata, che rappresenta la condizione di eremita del vecchio maestro ed evidenzia ancora di più la componente spirituale molto forte nell'esule di Dagobah.

Una menzione particolare va all'esempio perfetto del polo opposto a quello dei Jedi. Darth Maul veste un abito completamente nero, simbolo evidente della sua appartenenza al Lato Oscuro. Un abito che richiama ancora quello religioso fratesco, ma che questa volta non ha niente della positività e della spiritualità che simboleggia. La necessità di un abito di derivazione religiosa anche per il cattivo del primo episodio nasce dalla necessità di rappresentare ancora una volta il potere che egli incarna e che lo rende diverso, superiore ai normali esseri che popolano la galassia. Certo è indubbia l'affiliazione al Male del colore nero che tinge tutto l'abbigliamento. Anche Dooku verrà vestito di una veste più vicina a quella tradizionale Jedi ma composta di stoffe scure marroni e nere, sempre per sottolineare la sua valenza negativa.

Tutti i personaggi, e in particolare i Jedi, usano costumi che li rappresentano a livello di rango e di funzione, e ne riflettono l'interiorità e i sentimenti stessi. Un esempio su tutti è l'evoluzione della figura di Anakin Skywalker e del suo costume con lui. Da bambino lo incontriamo con il vestito degli schiavi e dei poveri di Tatooine, molto simile alla veste Jedi. Un colore chiaro e un tessuto povero che adotterà anche nel corso del suo apprendistato. Ma una volta cresciuto lo vediamo vestire un abito che, a cavallo tra *Episode II* e *III*, diventa sempre più scuro, nero nelle fasce di pelle sintetica e nella tunica che lo ricopre e lo avvolge, molto scuro nel kimono sottostante. Un'evoluzione dell'abito verso il buio che riflette quella del ragazzo che lo indossa. Questa evoluzione si troverà anche nella figura di Palpatine.

Un esame a parte va fatto per il vestito di Luke che, come in Anakin, riflette non solo il suo ruolo ma anche e soprattutto il suo cambiamento interiore. Conosciuto coi vestiti chiari dei coltivatori di Tatooine, gradualmente passerà ad abiti sempre più scuri con l'evoluzione del suo cammino e il superamento delle tappe del suo destino. Nel confronto col padre su Cloud City lo vediamo con un abito grigio, simbolo di un'innocenza che si sta perdendo e che diventerà irrecuperabile con l'adozione dell'abito scuro. In *Return of the Jedi*, nonostante la sua palese affiliazione al Bene, egli veste una tunica nera e una tuta sottostante anch'essa scura. Questo di certo non per una sua tendenza al Male (anche se la sua rettitudine è destinata ad essere messa a dura prova nel finale) ma probabilmente per insistere sulla sua incompiutezza, sulla sua necessità di proseguire una formazione interrotta che rischia di portarlo al Male a causa della sua inesperienza. Un pericolo continuo ed incombente, rappresentato proprio dalla sua veste di cavaliere del Bene. Il nero diventa quindi il simbolo dell'espiazione e della redenzione sia per Luke, che ha ceduto all'odio abbattendo il padre, che per Anakin, che vorrà liberarsi della maschera una volta tornato al Lato Chiaro.

6.1.2
L'Armatura di Darth Vader

Per l'Oscuro Signore dei Sith il lavoro di costuming è stato complesso e determinante per tratteggiare in una sola immagine la complessità e la malvagità del personaggio. I riferimenti, infatti, sono molteplici e provengono da più di una cultura e iconografia. Ma la più evidente e preponderante è di certo quella orientale.

A parte l'armatura e il mantello, che lo rendono il simbolo perfetto del cavaliere nero che tiene rinchiusa la principessa, rimandando la mente alle immagini medievali e arturiane, è il casco il vero punto di interesse nel costume di Vader. Sul modello del cavaliere nero occidentale si innesta infatti quello del guerriero giapponese, del samurai in armatura da guerra. la presenza non solo di vesti ma anche di placche rigide sovrapposte sulla stoffa del costume richiama chiaramente le armature del Giappone feudale. Ma non solo questo. L'elmo, nero e coprente, che vuole simboleggiare un teschio e rappresentare la morte di Anakin al suo passaggio doloroso al Lato Oscuro, richiama immediatamente alla memoria l'immagine degli elmi feudali nipponici dalla maschera spaventosa e dall'ampio copricapo. E ancora si ritrova il colore nero, usato da Lucas nei cattivi dei Prequel, che allontana Vader dalle armature colorate della tradizione orientale avvicinandolo più all'immagine occidentale del perfido cavaliere.

Ed ecco che soffermandosi sul petto di Vader si nota come la coesistenza di spirito e macchina riesca a palesarsi in un unico elemento, in un solo simbolo: la piastra che regola il sostentamento vitale di Vader, che si riferisce al paramento ebraico *ephod*. La Lucasfilm fece circolare a questo proposito un'immagine ravvicinata della piastra che mostra caratteri ebraici la cui traduzione più accreditata, ma non certa, sarebbe: *"le sue azioni non saranno perdonate finché egli non lo meriterà"*. Una frase emblematica la cui natura rimane oscura, una profezia che obbliga ancora una volta Vader a seguire la strada di un destino necessario, scritto a caratteri di pietra, e che troverà compimento solo alla sua morte. Una spiritualità quindi sancita dall'uso della stoffa e dell'armatura rigida comune all'iconografia orientale che si unisce alla macchina, alla tecnologia annientatrice di quella spiritualità.

Una immagine complessa che fonde il cavaliere nero con la macchina, lo spirituale con la morte, per creare un'icona forte e immediatamente riconoscibile che diventerà il simbolo dell'intera Saga.

94

6.1.3
L'Evoluzione di Palpatine

Parlando dell'evoluzione dei costumi Jedi accanto a quella dei personaggi che li indossano, occorre far riferimento anche alla simbologia iconografica di Cos Palpatine ripercorrendola in ordine cronologico da *The Phantom Menace*. Nel primo episodio troviamo infatti un senatore Palpatine raggiante per la recente nomina a Cancelliere Supremo, ma soprattutto un uomo sereno, positivo (votato ad aiutare la sua regina e il suo popolo a dirimere la vertenza commerciale), vestito di abiti chiari, con colori vivi e luminosi. Un simbolo positivo per Amidala e per la pace su Naboo.

Ma appena torniamo ad incontrarlo nel secondo episodio i suoi abiti si sono fatti più scuri. La carica di Cancelliere del Senato Galattico porta a Palpatine maggior potere e spudoratezza. Quando discute con un gruppo di Jedi l'attacco alla senatrice Amidala, Palpatine viene collocato su un'ampia poltrona-trono, solenne e serio, con un abbigliamento formale dai toni più scuri, quasi a voler ribadire, con il suo vestito, la gravità del momento e l'ombra che si stende sulla galassia. Ma probabilmente il riferimento più evidente si avrà al termine dell'episodio stesso, quando Palpatine osserverà dal suo balcone l'esercito schierato pronto a partire e rimarrà a guardarlo in una tunica scura che lo avvolge, ribadendo la sua affiliazione al Male.

In *Revenge of the Sith* si compirà l'evoluzione iconografica di Cos Palpatine, da Senatore nubiano ad Imperatore della galassia. Così come Anakin appare sempre più vicino al buio, anche il Cancelliere veste di scuro, in particolare viola. Una magistrale allegoria si avrà al momento della proclamazione dell'Impero, quando Palpatine avrà già gettato la maschera che copriva il suo vero volto martoriato dal Male e alzerà le braccia, stendendo le maniche viola, nere e rosse, dominate quindi dai colori del Male, ad abbracciare tutto il Senato.

Nella Trilogia Classica la figura di Palpatine si mostrerà compiutamente solo in *Return of the Jedi*, quando Luke verrà portato al suo cospetto ed egli si mostrerà sempre più deforme e sempre più sprofondato nella caratteristica tunica nera, che sembra addirittura più grande di lui, tanto lo ricopre. Una veste che si trascina dietro ad ogni passo, e che sembra annullarlo all'interno dell'Oscurità stessa del suo potere.

6.1.4
L'Armatura degli Stormtroopers e le Divise degli Ufficiali Imperiali

Come già evidenziato nel capitolo relativo ai personaggi, vi è una forte simbologia anche nell'elaborazione estetica dell'esercito imperiale. Le armature degli Stormtroopers richiamano infatti in modo evidente le armature medievali composte di placche sovrapposte studiate per dare la maggiore mobilità possibile. Così anche le truppe d'assalto sono ricoperte da un'armatura a placche che serve a proteggere i punti più delicati del corpo lasciando scoperte le parti mobili, a dare più agilità. Al posto della cotta di maglia, qui si trova una tuta aderente nera che distacca nettamente dall'armatura vera e propria di un bianco candido, rendendo i soldati impersonali. Si ha quindi un rovesciamento dell'iconografia del colore che vede le forze del Male non scure ma chiare, più chiare degli eroi del Bene. Anche i loro caschi sono simili agli elmi antichi dei cavalieri medievali (come quelli delle guardie imperiali che riprendono gli elmi greci), che coprivano tutto il volto.

Negli ufficiali imperiali ritroviamo invece una notevole analogia con gli abiti dei gerarchi nazisti della Seconda Guerra Mondiale. La loro spietatezza e la loro malvagità trova quindi perfetta rappresentazione nel lugubre verde oliva simbolo del Reich. Il modo di atteggiarsi, di porsi nei confronti degli altri gradi della gerarchia imperiale non fa che rimarcare l'aspetto negativo del regime imperiale e il riferimento a quello nazista.

Nonostante il colore e l'impostazione generale del personaggio e dell'abito, il costume si avvicina però più al taglio delle divise in voga nella Grande Guerra, con pantaloni da cavaliere e taglio ordinato dell'uniforme.

6.2
Colori e Luci – il Significato degli Arredamenti

Accanto ai costumi e ai loro colori e tagli, anche le luci e la scenografia sanno essere fortemente simboliche e rimandano perfettamente alle tappe del cammino eroico rendendo evidente allo spettatore la simbologia dell'avventura.

6.2.1
Tatooine: la Casa di Anakin, la Fattoria Lars e la Casa di Ben

Il pianeta sabbioso da cui prende le mosse l'intera Saga ha una duplice valenza. In primo luogo si ha al centro dell'interesse dello spettatore e dei personaggi un pianeta inospitale, ai margini della galassia, quasi a significare un coinvolgimento totale e moralmente necessario da parte di tutti, nel combattere la tirannia che si sta formando e che si trova consolidata nella trilogia classica. Ma in particolare rispecchia quello stereotipo mitologico dell'eroe che diventa tale allontanandosi dalla vita perfettamente ordinaria e abitudinaria grazie ad un evento straordinario: Anakin, che svolge il suo lavoro nella rigatteria di Watto e incontra il Maestro Jedi Qui-Gon Jinn; o Luke, che lavora alla fattoria dello zio e viene spinto da R2-D2 verso Obi-Wan Kenobi.

Gli ambienti stanno a sottolineare la situazione esistenziale di questi personaggi. La casa di Anakin, che lui divide con la madre, è piccola, ingombra di oggetti, visibilmente povera. È qui che è nato e cresciuto il ragazzo della profezia, il prescelto, che sarà destinato ad affiancare l'Imperatore e a raccogliere immense ricchezze all'insegna della malvagità. Ma ancora nel cuore di Anakin non è presente il Male, e la gentilezza trova spazio solo nella povertà, che esalta l'animo.

Luke vive invece nella grande fattoria Lars. Anche qui i soldi non sono molti, lo dimostra il pasto semplice che la zia Beru prepara ai due lavoratori, ma certo non è la misera schiavitù di Anakin. Per questo Luke è dominato da un sogno diverso da quello del padre. L'eroe vuole infatti addentrarsi nell'avventura, nello spazio, fuggire dal quell'ambiente che sente soffocante, per pura spinta verso il pericolo e l'emozione.

La casa di Kenobi si avvicina a quella tipica dell'eremita. Pochi oggetti essenziali e il nulla intorno, una solitudine forzata e un unico interesse: Luke Skywalker. In questa casa Kenobi conserva la lightsaber di Anakin, raccolta in seguito al duello su Mustafar, in attesa di donarla a Luke. Un ambiente che si vede solo di sfuggita, ma che diviene importante per ribadire la spiritualità del personaggio del vecchio Maestro Jedi.

I tre ambienti sono dominati dal colore che caratterizza tutto il pianeta: il giallo della sabbia e dei soli gemelli attorno cui orbita quel mondo. Polvere e calore lo rendono inospitale, e in questo clima inadatto alla vita crescono gli eroi del racconto mitologico, alla ricerca della fuga che li porterà verso un destino che non immaginavano e che compirà il loro ruolo nella galassia.

6.2.2
Coruscant: il Tempio Jedi

Così come il giallo chiaro fa da ambiente a Tatooine (pianeta del tutto positivo, perché vi si incontrano gli eroi ancora buoni), il tempio Jedi è dominato da una tonalità azzurra e dorata che infonde agli spazi pace e calma, così come la trasmettono i cavalieri stessi. Gli ambienti sono ampi, elegantemente decorati con statue e fregi di templi antichi. Qui si muovono lenti i guardiani della pace, in un ambiente che dà l'idea perfetta di ciò che l'ordine incarna e della grande spiritualità che emana. L'uso della fotografia azzurra e dell'ampio respiro dell'ambiente serve a portare appunto questo significato di religiosità che è proprio dell'Ordine immerso nel caotico movimento di Coruscant, città dalle mille facce, sconfinata (fino a ricoprire tutto il pianeta) e stressante, in cui la vita in tutte le sue forme non si arresta mai. E, isola felice, è l'imponente tempio che sovrasta ogni palazzo con le sue cinque guglie proiettate verso l'infinito.

6.2.3
Mustafar

L'ambiente più palesemente significativo è il pianeta di lava Mustafar, dove avviene lo scontro tra Obi-Wan e Anakin appena diventato Darth Vader. Qui si attua il destino di Skywalker e la sua caduta nel Lato Oscuro attraverso la valenza simbolica dello spazio che circonda i due Cavalieri. La lava che scorre su tutto il pianeta e sulla quale avviene lo scontro rappresenta, con lapalissiana evidenza, l'inferno in cui Faust-Anakin si troverà immerso dopo aver donato al sua anima al Male. E proprio qui appare la rappresentazione dell'annientamento umano e spirituale di Skywalker che, troppo sicuro dei propri poteri, spicca un salto verso il nemico Obi-Wan a spada tratta. In un lampo Kenobi taglierà gli arti al suo ex allievo, che si troverà a terra, immobilizzato, ormai non più uomo, a scivolare lentamente verso la lava. Le fiamme avvolgeranno il suo corpo completando l'opera e mostrando il Male che emerge in superficie dopo aver annientato l'ultimo bagliore di umanità del ragazzo.

6.2.4
Cloud City: i Livelli Inferiori

Un altro riferimento alla discesa agli Inferi dell'eroe sta nello scontro tra Vader e Luke nei Livelli Inferiori di Cloud City. Qui è la fotografia a servire da veicolo per il significato del momento. I due si trovano a confrontarsi in un ambiente fatto di cunicoli e scale da percorrere verso il basso, illuminati da una luce rossa che evidenzia come quel procedere verso il fondo dei gradini sia per Luke come discendere negli Inferi a conoscere la verità di suo padre e il suo destino.

6.2.5
Death Star: La Sala del Trono

La Sala del Trono dell'Imperatore sulla seconda Death Star è invece un'allegoria scenografica. Qui la luce torna ad essere blu, ma un blu freddo accanto ad angoli bui, come l'Imperatore stesso che si insinua lento nella mente di Luke avvolgendola e lasciando la luce isolata nelle tenebre. E dietro all'Imperatore l'enorme vetrata che dà sull'oscurità dello spazio e sulla battaglia che si sta combattendo sullo sfondo. Il vetro è percorso da un reticolato di supporti metallici che disegnano una ragnatela al cui centro sta la figura di Palpatine-Sidious che ha preso in trappola Luke e ora lo muove, ci gioca, come un ragno con la preda appena catturata. Una tela che serve ad imprigionare Luke e che, a posteriori, rappresenta il fitto ordito di Palpatine per giungere alla creazione dell'Impero attraverso il suo lavoro nell'ombra.

6.3
La Composizione del Quadro

Una parte importante per determinare l'ambiente e la valenza dei personaggi stessi è anche la composizione del quadro filmico, che determina, attraverso pesature e attenzione alla composizione, il clima e l'atmosfera di ogni ambiente.

Troviamo quindi, oltre alla predominanza di colori chiari e vivaci, anche una composizione meno rigida nelle scene relative alla ribellione. Un caos che è sì di movimento delle comparse ma anche di inquadratura dei protagonisti, sempre indaffarati, sempre di corsa, con la macchina da presa a rincorrerli continuamente. Una 'informalità' che si riconosce appieno nella scena finale di *A New Hope*, quando i ribelli sono ordinati in quadrati dal richiamo palesemente militaresco, attendendo l'arrivo dei tre eroi. E al loro passaggio, rilassati e sorridenti, senza la pomposità imperiale, anche i soldati schierati esplodono in un urlo di gioia simbolo della loro vittoria e libertà.

Dall'altro lato l'Impero è sempre rappresentato con i tipici colori scuri e toni di grigio che ne simboleggiano la soppressione della vitalità, così come viene sottolineato anche dalla composizione che richiama con evidenza i filmati voluti dal regime nazista nel corso degli incontri col Führer. Da evidenziare la compostezza delle truppe mentre Vader le passa in rassegna e mentre l'Imperatore, seguito dalle guardie cremisi, passa senza curarsene mentre queste, immobili, attendono la sua uscita dalla stanza. Così anche i gerarchi sono mostrati in pose rigide, solenni e spietate, nelle loro uniformi verdi, senza ammettere alcuna insubordinazione o alcuno sbaglio (esemplare il caso di Tarkin che assiste impassibile allo strangolamento da parte di Vader di uno degli irrispettosi comandanti, o Vader stesso che non esita a disfarsi degli ammiragli a suo avviso incapaci di svolgere il proprio compito). Una crudeltà che si rivela anche osservando le truppe in marcia regolare e ritmica nei corridoi della stazione spaziale, o in perlustrazione nelle strade di Tatooine. Regolarità, austerità e fissità non solo nelle pose e nei movimenti ma anche nelle inquadrature che non sono mai costrette a ricercare i personaggi, sanno già dove trovarli, sanno quali saranno i loro movimenti, conoscono già quello che succederà per la regolarità imposta dal regime che traspare quindi anche nella totale sicurezza della ripresa.

Non mancano certo nella trilogia dei Prequel alcune immagini simboliche e spettacolari. Anakin che entra nel tempio seguito dalla 501st Garrison sembra emergere dagli Inferi con la sua missione di distruzione. Al centro del quadrato emerge dal sottosuolo e procede marziale verso il suo destino mentre, ripreso dall'alto, il luogo si riempie del blu delle truppe speciali come una macchia di sangue si spande lenta e inarrestabile circondata dall'ombra.

O ancora la proclamazione dell'Impero, che vede Palpatine alzare le braccia e creare un cerchio che accoglie il Senato in festa, mentre il viola e il rosso della veste del Cancelliere proiettano sulla Repubblica i colori del Male.

BIBLIOGRAFIA

AA.VV., *Star Wars – Guida Definitiva alla Saga di George Lucas*, Ciak – Dietro le Quinte dei Grandi Film, Mondadori, Milano, 2005

AA.VV., *Star Wars il Potere del Mito*, LucasBooks e Fabbri Editori, Milano, 2000

Accordi Rickards, Marco, *I Fabbricanti di Guerre Stellari*, in *Newton, Numero 11*, pgg. 116-124, RCS Periodici, Novembre 2005

Arecco, Sergio, *George Lucas*, Il Castoro Cinema, Milano, 1995

Apollodoro, *I Miti Greci*, curatore Paolo Scarpi, Fondazione L. Valla, Mondadori, Milano 1996

Baxter, John, *George Lucas, la Biografia*, Lindau, Torino, 1999

Bergamino, Gianni e Fenzi, Pier Giuseppe, *Guerre Stellari, Epica di Fine Millennio*, Punto Zero, Bologna, 1999

Bouzerau, Laurent, *Star Wars, the Annotated Screenplay*, Del Rey Books, Ballatine Books, New York, 1997

Bresman, Jonathan, *The Art of Star Wars - Episode I – The Phantom Menace*, LucasBooks, Del Rey Books, Ballantine Books, New York, 1999

Call, Deborah, *The Art of Star Wars - Episode V - The Empire Strikes Back*, LucasBooks, Del Rey Books, Ballantine Books, New York, 1995

Cambell, Joseph, *Le Figure del Mito*, Red Edizioni, 1999

Campbell, Joseph, *Il Potere del Mito, Intervista di Bill Moyers*, Guanda, Parma, 2004

Campbell, Joseph, *L'Eroe dai Mille Volti*, Guanda, Parma, 2000

Cotta Vaz, Mark, *The Art of Star Wars - Episode II – Attack of the Clones*, LucasBooks, Del Rey Books, Ballantine Books, New York, 2002

Eliade, Mircea, *Trattato di Storia delle Religioni*, 1949

Guberto F., Cappellazza M., Della Gaudenzia Y., *Le Guerre Stellari nelle valli di Comacchio*, Edizioni DelSorcio, Sant'Alberto, 1992

Henderson, Mary, *Star Wars: The Magic of Myth*, Bantam Books, New York, 1997

McQuarry, Ralph, Anderson, Kevin J., *The Illustrated Star Wars Universe*, LucasBooks, Bantam Books, New York, 1997

Rinzler, J. W., *The Art of Star Wars - Episode III – Revenge of the Sith*, LucasBooks, Del Rey Books, Ballantine Books, New York, 2005

Tedde, Alessandro, *Il Mito e l'Eroe nell'Interpretazione del Primo Novecento*, PeluchesMedia, Ravenna, 2002

Titelman, Carol, *The Art of Star Wars - Episode IV - A New Hope Special Edition*, LucasBooks, Del Rey Books, Ballantine Books, New York, 1997

INDICE

www.ingramcontent.com/pod-product-compliance
Lightning Source LLC
Chambersburg PA
CBHW060416290526
45791CB00002B/772